沂蒙革命根据地红色出版物研究

徐晓方 杜文骄 任 静 著

山东人民出版社·济南
国家一级出版社 全国百佳图书出版单位

图书在版编目（CIP）数据

沂蒙革命根据地红色出版物研究 / 徐晓方，杜文骄，任静著．-- 济南 ：山东人民出版社，2025.3.
ISBN 978-7-209-15388-1
Ⅰ．G239.296
中国国家版本馆 CIP 数据核字第 2025WZ5848 号

沂蒙革命根据地红色出版物研究
YIMENG GEMING GENJUDI HONGSE CHUBANWU YANJIU
徐晓方　杜文骄　任　静　著

主管单位　山东出版传媒股份有限公司
出版发行　山东人民出版社
出 版 人　胡长青
社　　址　济南市市中区舜耕路517号
邮　　编　250003
电　　话　总编室（0531）82098914
　　　　　市场部（0531）82098027
网　　址　http://www.sd-book.com.cn
印　　装　山东新华印务有限公司
经　　销　新华书店

规　　格　16开（169mm×239mm）
印　　张　14.25
字　　数　140千字
版　　次　2025年3月第1版
印　　次　2025年3月第1次
ISBN 978-7-209-15388-1
定　　价　49.00元

本书系山东省社会科学规划沂蒙精神研究专项“沂蒙精神稀见革命文献整理与研究”项目研究成果（项目批准号：22BYMJ01）和中共山东省委党校（山东行政学院）重大项目攻关创新研究成果。

目 录

绪 论

沂蒙革命根据地，又称“沂蒙山根据地”，是中国共产党在全民族抗战初期创建的重要根据地之一。沂蒙革命根据地是山东抗日根据地和山东解放区[①]的核心区域，在建立人民军队、支援前线抗战、孕育沂蒙精神等方面，作出了重要贡献。

抗日战争时期，沂蒙革命根据地是当时整个山东抗日根据地的战略指挥中心、军事中心、行政中心和文化中心。山东党政军群领导机关，如中共苏鲁豫皖边区省委、中共中央山东分局、山东省战时工作推行委员会、山东省战时行政委员会、山东省政府、八路军山东纵队、山东军区、山东省各界救国联合会等都在这里成立；战时教育机构，如中共中央山东分局党校、山东公学、山东省抗战建国学院、临沂山东大学等都在这里创建；出版发行机构，如山东文化出版社、大众印书馆、大众日报社、山东新华书店、山东战时邮政总局等都在这里诞生；老一辈无产阶级革命家，如刘少奇、陈毅、罗荣桓、徐向前、粟裕、郭洪涛、朱瑞、黎玉、萧华等，都曾在这里工作和战斗过。

在红色图书、期刊、报纸的出版发行方面，沂蒙革命根据地在整个山东革命根据地中处于核心地位，是当时的出版发行中心。根据 2025 年 1 月的统计数据，沂蒙革命根据地出版的红色图书多达 1840 余种，红色期刊、报纸多达 220 余种，在山东乃至全国的红色出版史上，都占据着重要位置。

---

① 严格来讲，中国共产党领导下的山东地区，自 1937 年 7 月全民族抗战爆发到 1945 年 8 月日本投降前，称作“山东抗日根据地”，1945 年 8 月日本投降后到 1949 年 10 月中华人民共和国成立之前，称作“山东解放区”。近年来，学界为了表述方便，也常用“山东革命根据地”或“山东解放区”来统称 1937 年 7 月至 1949 年 10 月期间中国共产党领导下的山东地区，同时，为了避免误解，一般加括号注明时间，如王华的《山东解放区新闻史（1937—1949）》。

第一节 沂蒙革命根据地的创建及范围

一、沂蒙革命根据地的创建

沂蒙革命根据地创建于1938年，是中国共产党创建较早的革命根据地之一。

1937年的七七卢沟桥事变，揭开了全民族抗战的序幕。1937年9月30日，日军开始入侵山东。12月18日，日军全力攻占济南，国民党山东省主席韩复榘不战而逃。12月27日，济南沦陷。在山东人民面临生死存亡的关键时刻，1938年1月1日，中共山东省委领导人黎玉、林浩等，为了鼓舞抗日斗志，直接领导发动了徂徕山抗日武装起义，宣布成立“八路军山东人民抗日游击第四支队”，洪涛任司令员，黎玉任政委。1938年1月15日，中共中央在给山东省委的指示信中提出，要以鲁中区为中心建立抗日根据地：“省委工作的中心应当放在鲁中区，开始依靠新泰、莱芜、泰安、邹县的工作基础，努力向东发展，尤以莒县、蒙阴等广大地区为重心。”①

1938年4月，山东省委书记黎玉亲自前往延安向中共中央汇报情况，并请求派干部到山东，支援山东的抗日工作。中共中央和毛泽东高度重视，专门选派郭洪涛、张经武等50余名身经百战、具有丰富革命斗争经验的干部到山东工作，并支援山东两部电台方便联络。此后，中共中央又从延安和北方局派出两批干部到山东（主要是鲁中区）工作。

1938年5月，郭洪涛来到山东就任山东省委书记，于5月21日在泰安南上庄召开省委会议，传达了毛泽东关于建立抗日根据地的指示，并讨

① 常连霆主编，中共山东省委党史研究室：《山东党的革命历史文献选编》（第3卷），山东人民出版社，2015年1月，第15页。

论了《发展和坚持山东游击战争的战略计划》。6月30日，郭洪涛将这一战略计划致电中共中央和毛泽东，在电文中提到了“沂蒙山区根据地”：“为什么选择沂蒙山区根据地呢？（一）地区险要是适当的，便利发展。（二）群众条件好，民枪很多。（三）友军只有张专员部，和我们的关系好易于合作。（四）社会组织单纯，土匪会门很少。（五）物产丰富，给养容易，目前是最好根据地。”[①]这个电文最早提出建立“沂蒙山区根据地”，“沂蒙山区”的称谓也是由此而来。7月4日，毛泽东回电，批准了在山东建立沂蒙山区根据地的战略计划，沂蒙革命根据地的创建工作正式拉开了帷幕。

1938年5月下旬，中共中央决定将中共山东省委扩建为中共苏鲁豫皖边区省委。8月，苏鲁豫皖边区省委在沂南县岸堤镇召开会议，研究了开辟沂蒙山区根据地的问题。会议分析了山东的抗战形势，认为在沂蒙山区建立根据地，对坚持山东抗日游击战争具有战略意义。会议进一步确定了在沂蒙山区建立抗日根据地的方针，研究了如何加快沂蒙山区根据地的建设问题，对创建以沂蒙山区为中心的山东抗日根据地起了重要作用。12月，根据中共中央决定，中共苏鲁豫皖边区省委撤销，中共中央山东分局随即在沂水县王庄村成立，并长期在沂蒙山区活动。沂蒙山区作为山东抗日根据地中心的地位得以确立。

1940年8月，山东省战时工作推行委员会（山东省政府的前身）在沂南县青驼寺成立，标志着山东抗日根据地的建设进入一个新的发展阶段。随后，各级抗日民主政权也纷纷建立起来。到抗日战争胜利时，山东抗日根据地形成了鲁中、鲁南、滨海、胶东、渤海5个战略区。其中，鲁中、鲁南、滨海3个战略区的核心区都在沂蒙山区。

1945年10月，按照中共中央指示，华中局与山东分局合并，成立华东局，下辖华中分局和鲁中、鲁南、滨海、胶东、渤海5个区委。1948年

---

① 常连霆主编，中共山东省委党史研究室：《山东党的革命历史文献选编》（第3卷），山东人民出版社，2015年1月，第16—17页。

7月，华东局决定，将鲁中、鲁南区委与滨海、泰西地委合并，成立鲁中南区委。至此，东至黄海、南至陇海铁路、西至津浦铁路、北至胶济铁路的完整的沂蒙革命根据地（也称“沂蒙解放区”）正式形成。

二、沂蒙革命根据地的范围

沂蒙山是沂山和蒙山的统称，是滋养山东革命的热土，也是培育沂蒙精神的摇篮。沂蒙山区有狭义和广义之分。狭义的沂蒙山区，专指革命战争年代鲁中区的沂蒙专区，包括今天的沂水、沂南、蒙阴、沂源的全部，费县、平邑的北部以及新泰的东南部。广义的沂蒙山区，泛指抗日战争时期的鲁中、鲁南、滨海三大战略区，以及解放战争后期由这三大战略区合并形成的鲁中南区，其范围大体上涵盖了今天临沂、日照、枣庄的全部，济宁、泰安的东部，济南、淄博、潍坊、青岛的南部，以及江苏连云港、徐州、邳州、新沂的部分地区。

山东分局成立以后，根据敌情、地形、战略关系和各级党委工作区域，先后在山东抗日根据地设立过11个区党委，后来逐步调整为鲁中、鲁南、滨海、胶东、渤海5个区党委，其中，鲁中、鲁南、滨海的核心区都在沂蒙山区，共同组成了沂蒙革命根据地。

本书中所提到的沂蒙革命根据地，主要包括鲁中、鲁南、滨海三大战略区以及解放战争后期由这三大战略区合并形成的鲁中南区，其范围相当于广义的沂蒙山区。

1. 鲁中区

鲁中区的地域范围在胶济铁路西段以南，津浦铁路济南至兖州段以东，滋（阳）临（沂）公路以北，沂沭河以西。鲁中区是山东境内开辟最早的根据地，是山东党政军领导机关的长期驻地，也是敌我争夺最激烈的地区之一。

鲁中区的党组织成立比较早，早在1927年就成立了中共沂水支部。1936年，山东省委在经过多次破坏后重新恢复，并开始着手重建鲁中区党组织。

1938 年 1 月 15 日，中共中央致电山东省委，要求将工作中心放在鲁中区，依靠新泰、莱芜、泰安、邹县的工作基础，努力向东发展，尤以莒县、蒙阴等地为重心。5 月 21 日，山东省委在泰安南上庄召开省委干部会议，郭洪涛作了《为创建山东抗日根据地而奋斗》的报告，决定在沂蒙山区、淄博山区、抱犊崮山区等地创建抗日根据地。随后，山东省委制订了《发展和坚持山东游击战争的战略计划》，决定在鲁中区创立以沂蒙山区为中心的抗日根据地；向北发展，以淄博山区为依托开创清河抗日根据地；向南发展，开创抱犊崮山区抗日根据地；向东发展，开创鲁东南沿海地区抗日根据地（即后来的滨海抗日根据地）。

到 1939 年初，鲁中区先后建立健全了蒙阴、沂水、费县、新泰、莱芜、博山、淄川、临费、泗水、安丘、临朐等县级党组织，并相继成立区委、村支部以及农救会、青救会、妇救会、自卫团、儿童团等群众团体，泰山、博山、沂水和新莱蒙边等抗日游击根据地建立起来，鲁中抗日根据地已具雏形。

1939 年 7 月 1 日，山东分局下达了《关于恢复县区乡政权之指示》，要求在原政权机构被破坏地区，均要创建共产党领导的政权机构；县界应以地形及战争需要重新划分，不受旧行政县界限制。不久，鲁中区先后成立了淄川、莱芜、博山、沂水等县抗日民主政府。

1939 年 7 月，中共山东第一区委（又称“大鲁南区党委”）在沂南县青驼寺成立，隶属山东分局，领导鲁中、鲁南、鲁东南（滨海）3 个地区，下辖的泰山、沂鲁（淄博）、尼山、鲁南、鲁东南 5 个特委，分别改为第一区委第一、第二、第三、第四、第五地委。

1940 年 2 月，山东分局决定成立政府工作部，统一领导山东抗日民主政权的建立和建设工作，并规定各区行政机构依次为主任公署、专员公署、县政府及区乡政府。

1940 年 4 月 13 日，山东分局决定撤销第一区委，分别建立鲁中、鲁南两个区委，第一区委管辖的泰山地委（第一地委）、沂鲁地委（第二地委）、鲁东南地委（第五地委），划归到鲁中区委。其中，鲁东南地委直属山东分局领导。

1940 年 10 月，鲁中区党委在沂南县双堠镇艾峪湖村成立，霍士廉任书记。1941 年初，鲁中区建立了以莱芜为中心的泰山区和以沂水、蒙阴为中心的沂蒙区，打通了与清河（渤海区前身）、鲁南、滨海三大战略区的联系，为鲁中抗日根据地的发展巩固奠定了基础。

1941—1942 年，日军连续对鲁中抗日根据地发动了 5 次“扫荡”，鲁中抗日根据地进入最艰苦、最困难的时期，根据地面积大幅度减小。为了保卫和发展鲁中抗日根据地，山东分局采取了一系列措施，如调整行政区划，加强政权建设；加强人民军队建设，扩大人民抗日武装力量；放手发动群众，开展减租减息和大生产运动，解决根据地经济困难；开展拥军优抗和拥政爱民运动，全力巩固和发展鲁中抗日根据地。其中，在行政区划调整方面，主要是划大县为小县、大区为小区，并恢复和调整部分行政区划。到 1942 年底，鲁中区行政区划下辖泰山、泰南、沂蒙 3 个区。其中，泰山区下辖泰历、章丘、博莱、淄川、莱芜 5 县；泰南区下辖泰宁、新蒙、费北、新甫、泰安 5 县；沂蒙区下辖沂南、边联、费东、沂中、沂北、沂东、蒙阴 7 县。在加强人民军队建设方面，1942 年 8 月 1 日，以原山东纵队机关一部成立八路军鲁中军区，罗舜初任司令员兼政委。鲁中军区成立以后，决定突击发展民兵运动。到 1942 年底，鲁中区民兵已发展到 2 万余人。

从 1943 年开始，鲁中区形势开始好转。到 1944 年底，鲁中区已发展到 2.6 万多平方公里，拥有人口近 300 万。

1945 年 9 月 11 日，临沂城解放，鲁中、鲁南、滨海三大战略区连成一片，山东分局、山东省政府、山东军区等省级党政军机关进驻临沂城。临沂成为山东解放区的政治、军事、经济、文化中心。

2. 鲁南区

鲁南区的地域范围南起陇海铁路，北至滋（阳）临（沂）公路（一度至蒙山），东至沂沭河之间（一度至黄海边），西至南四湖（南阳湖、独山湖、昭阳湖、微山湖），范围相当于今枣庄、邹县、峄县、滕县、兖州、泗水、曲阜、临沂、苍山、郯城、费县、平邑等县的全部或一部分，以及江苏铜山、沛县、邳县等县的部分地区。鲁南区东邻滨海区，西邻湖西区，北临鲁中区，南临华中抗日根据地，交通便利，是连接华东、华中的重要枢纽。

鲁南区有着较好的革命传统和工作基础。1929 年，刘之言在郯城码头镇建立了中共鲁南第一支部。1931 年 9 月以后，鲁南党组织迅速发展，在各地开展革命活动。1935 年 4 月，中共苏鲁边区临时特委决定创建以抱犊崮山区为中心的革命根据地。

1937 年 10 月，鲁南中心县委成立，统一领导临沂、峄县、枣庄矿区、费县、临城等地的县委或区委。

1939 年 1 月上旬，中共鲁南特委在费县朱满村成立，宋子成任书记。鲁南特委下辖临郯、临费、费县、峄县、临郯费峄边联县、滕县等县委。在鲁南特委领导下，山东纵队及鲁南人民抗日武装初步开辟了抱犊崮山区东部及东南部活动基地。1939 年 11 月，八路军一一五师到达鲁南，先后攻下郯城马头镇，消灭了孔庄地主武装，伏击了上下石河据点的日军，为创建鲁南抗日根据地创造了条件。1939 年底，临沂、郯城、费县、邹县、峄县、邳县等县级抗日民主政府建立，鲁南抗日根据地初步形成。

1940 年 4 月，山东分局决定建立鲁南区党委，将中共山东第一区委管辖的第三地委（尼山地委）和第四地委（鲁南地委）划归鲁南区党委。6 月上旬，鲁南区党委在费县天宝山区的油篓村正式成立，赵镈任书记。鲁南区党委下辖一、三两个地委：一地委辖泗水、邹县、泰宁、曲阜县委或工委；三地委辖临沂、邳县县委和苍马、郯马、东海 3 个工委。临郯费峄边联县、费县工委和滕东、峄县县委由鲁南区党委直接领导。6 月 11 日，鲁南各界抗日人民代表大会在费滕峄边区的九子峪召开，会议按照“三三制”原则，选举产生了鲁南区参议会，彭畏三任参议长；成立了鲁南专署，于化琪任专员。鲁南区抗日民主政权有了统一的领导机构，鲁南抗日根据地正式形成。

1940 年 7 月 1 日，鲁南区党委机关报《鲁南时报》创刊，鲁南区党委宣传部长林乎加兼任社长，白刃任总编辑。9 月中旬，根据山东分局扩大会议的决定，鲁南军政委员会成立，罗荣桓任书记。10 月下旬，根据山东省军政委员会的决定，鲁南军区成立，隶属一一五师，邝任农任司令员，赵镈任政委。到 1940 年底，鲁南抗日根据地和游击区面积达到 2762 平方公里，人口有 75 万。

3. 滨海区

滨海区的地域范围北起胶济铁路，东至黄海，南至陇海铁路，西至沂河，范围包括今天的日照、莒县、莒南、临沭、临沂、郯城、诸城、五莲、高密、胶南、胶州、赣榆、新浦、海州、东海等 16 个县（市区）。

滨海区有着良好的革命基础。山东党组织早期创建人王尽美，就是莒县北杏村人，对滨海区的革命斗争有着深远的影响。1937 年 11 月，中共莒县北杏村支部成立，王尽美之子王乃征任支部书记，受中共诸城特别支部领导。

1938 年 8 月，省委决定在莒南县大店镇成立鲁东南特委，景晓村任书记，下辖诸城、高密、莒县、日照、胶县、赣榆、临沂等县。9 月，省委为创建鲁东南根据地作出重要部署，将原临郯县委与临沂县委合并，成立临郯中心县委，统一领导临郯平原地区和峄县县委、边联县委，并负责东海、赣榆、沭阳方面的工作，同时，调八路军山东抗日游击队第四支队第六大队进入鲁东南，为鲁东南抗日根据地的创建打下了坚实基础。

1941 年 1 月 1 日，滨海各县行政联合办事处成立。2 月上旬，中共山东第一区委、第一军区机关进入滨海，建立抗日民主政权。随后，又建立起日照、莒南、赣榆等抗日民主政权，并成立了鲁东南军政委员会，刘其人任书记。至此，以赣、沭、日、莒为中心的鲁东南抗日根据地正式创立。

1941 年 8 月上旬，滨海区第一届参议会召开，选举王众音为参议长。同时，滨海专员公署成立，谢辉任专员，崔介任副专员兼政府党团书记。滨海专员公署下辖莒南、莒中、日照、赣榆、沭水 5 县。

1942 年 3 月 23 日，为加强鲁东南地区的领导，山东分局决定，将鲁中区五地委（鲁东南地委）与鲁南区四地委（鲁南地委）合并为滨海地委，归山东分局直接领导。4 月 1 日，滨海地委正式成立，王众音任书记。滨海地委下辖日照、莒南、莒中、沭水、赣榆、海陵、临沭 7 个县委和莒北、日北、马陵 3 个县工委。同时，成立滨海军分区，何以祥任司令员，王叙坤任政治委员。

1943 年 4 月，中共中央和山东分局决定撤销滨海地委，在莒南县洙边镇三界首村成立滨海区党委，符竹庭任书记。与滨海区党委同级的政权机构，仍称“滨海专员公署”，谢辉任专员，崔介任副专员。同时，驻滨海区的八路军一一五师教二旅、教五旅和滨海军分区番号撤销，成立滨海军区，陈士榘任司令员，符竹庭兼政治委员。

滨海区党委下辖一地委（滨北地委）、二地委（滨南地委）、三地委（滨中地委）和青岛工委。1943 年 9 月上旬，滨海区一地委（滨北地委）成立。同时，滨北行署和一军分区成立。10 月，滨海二地委（滨南地委）、二行署、二军分区成立。1944 年 6 月，滨海三地委（滨中地委）、三行署、三军分区成立。滨海各地委、行署和军分区所辖范围一致。到抗日战争结束时，滨海区发展到 5 万多平方华里，500 多万人口。

1946 年 7 月 2 日，华东局决定，撤销滨海区党委，将滨海区一行署（滨北行署）所辖 5 县划归胶东区，在原二、三行署上建立滨海专署，辖临沂、临沭、东海、郯城、竹庭（赣榆）、莒南、莒县、日照和新海连办事处。

1948 年 7 月，鲁中南区建立，滨海专署改为鲁中南区第六地委。

4. 鲁中南区

鲁中南区的地域范围东临黄海，西至运河，南起陇海铁路，北至胶济铁路，纵横 600 余里，战略地位十分重要。

1948 年，解放战争形势发生了重大变化，人民解放军已经转入战略反攻，大规模的战略决战迫在眉睫。在山东境内，华东野战军山东兵团连续取得重大胜利，除济南、青岛等少数城市外，其他地方都已解放。

1948 年 7 月 17 日，为加强对大鲁南地区的领导，适应大规模战争支援前线的需要，华东局决定，将鲁中、鲁南两区党委合并，成立鲁中南区党委。同时，将华东局直属的滨海地委及冀鲁豫边区第一地委（泰西地委）划归鲁中南区领导，分别改称为“鲁中南第六地委”“鲁中南第七地委”。鲁中、鲁南两大军区合并，成立鲁中南军区。滨海军区、冀鲁豫军区第一军分区也划归鲁中南军区领导。7 月 20 日，山东省政府决定，将鲁中、鲁南两大行政区合并，成立鲁中南行政公署，将滨海专署、冀鲁豫边区第一专署、淄博专署（辖淄川、博山、张店、周村）划归鲁中南行政公署。7 月 31 日，鲁中南区党委在沂水城西北的武家洼召开扩大会议，公布了鲁中南区党委、行署、军区负责人名单。鲁中南区党委由康生、傅秋涛、谷牧、李乐平等 17 人组成，康生任区党委书记，李乐平任鲁中南行政公署主任，傅秋涛任鲁中南军区司令兼第一副政委。鲁中南区党委、行署、军区下辖一地委（泰山区）、二地委（沂蒙区）、三地委（沂山区）、四地委（尼山区）、五地委（台枣区）、六地委（滨海区）、七地委（泰西区）和淄博特委，后来又陆续增加了徐州市委（解放后归山东分局领导）、济宁市委和新海连特委。

1949 年 7 月 15 日，鲁中南区各地委、专署更换名称：原第一、二、四、五、六、七地委、专署分别更名为泰山、沂蒙、尼山、台枣、滨海、泰西地委、专署；原三地委、专署撤销。

泰山地委驻泰安，下辖泰安、章丘、历城、莱芜、泰宁、新泰等 6 县；沂蒙地委驻沂水，下辖沂水、沂南、蒙阴、蒙山、沂源、莒沂等 6 县；尼山地委驻滕县、滋阳（今兖州），下辖泗水、曲阜、滕县、邹县、滋阳、平邑、凫山、白彦、济北等9县；台枣地委驻峄县，下辖邳县、峄县、费县、临城、赵镈、苍山、兰陵、麓水、铜北、丰县、沛县、华山等12县和枣庄、湖区2个办事处；滨海地委驻莒南县大店镇，下辖临沂、郯城、莒南、莒县、日照、东海、竹庭、临沭等8县；泰西地委驻肥城，下辖长清、肥城、平阴、东平、汶上、宁阳等6县。

第二节　红色出版物概论

一、红色文献的概念

在介绍红色出版物的概念之前，我们先介绍一下红色文献的概念。

“红色文献”一词，最早来源于苏联的《红色文献》杂志。1938年2月，延安解放社出版了一种名为《红色文献》的图书，其内容主要是一些中共党史重要文献的汇集，这是中文“红色文献”一词的首次运用。在建党100周年前后，“红色文献”一词的使用频率迅速提高，并在学术界广泛应用。截至2025年1月，中国知网以“红色文献”为主题的学术文章达275篇。

红色是中国共产党最鲜亮的底色。红色文献，顾名思义，就是与中国共产党的诞生、成长、发展息息相关的文献。目前，学界认为，红色文献应有广义和狭义之分。广义红色文献，目前学界的主流倾向是认为从1911年辛亥革命（或1912年1月中华民国成立）[①] 至今，与中国共产党有关的所有文献资料。广义红色文献的载体形式，迟秀铭在《红色文献的时间跨

① 按：中国国家图书馆2022年12月出版的《红色出版物总目（1912—1949）》，时间起点为1912年，2024年4月出版的《革命历史专题文献书目（1911—1949）》，时间起点为1911年。中国国家图书馆以这两个时间作为起点，原因是认为辛亥革命是中国共产党诞生的内在生长点。

度与载体形式探析》[1]中认为，应分为图文文献、音像文献、红色基地、个体文献（红军老战士、中共老党员、党史研究者等）、非物化文献（革命时期的各类制度、中国共产党人的精神谱系等）、艺术文献（红色歌曲、舞台剧、戏曲等）、数字文献七类。狭义红色文献，目前学界在时间上主要有三种界定：第一种是从1921年中国共产党成立之后到1949年中华人民共和国成立之前；第二种是从1919年五四运动到1949年中华人民共和国成立之前；第三种是从1911年辛亥革命（或1912年中华民国成立）到1949年底。狭义红色文献的载体形式，主要是指纸质的图文文献，包括图书、期刊、报纸、档案、照片、海报、传单、标语、票据等。

2024年3月，国家图书馆古籍馆馆长陈红彦在全国政协会议上提出《关于全面开展红色文献保护的提案》，对狭义红色文献进行了较为详细的诠释："红色文献一般是指1921年中国共产党成立至1949年中华人民共和国成立期间，中国共产党带领全国人民进行艰苦卓绝的革命斗争，最终建立新中国的革命历程中形成的图书、期刊、报纸、手稿、文件、图片、海报、传单、宣传标语、票据等各种文献资料。此外，产生于1921年以前的马克思主义在中国早期传播文献，1949年中华人民共和国成立至1954年社会主义改造期间的部分文献，也属于红色文献范畴。"

红色文献是中国共产党在革命历史时期进行理论探讨、政策宣传和民众动员的重要依托，是研究党史、革命史和出版史的宝贵资料，为宣传革命思想、启迪人民智慧、取得革命胜利，做出了不可磨灭的贡献。红色文献是红色文化的重要载体，是红色资源的重要构成，被列为"现代文物""革命文物"，其中部分稀见的珍贵文献，更是被誉为"新善本"。

二、红色出版物的概念

"红色出版物"一词，始于2001年郑霄阳等著的《土地革命时期闽西

① 迟秀铭：《红色文献的时间跨度与载体形式探析》，《图书馆学刊》，2024年第4期，第55—58页。

苏区红色出版物述略》。2021年黄蓉蓉、张养志在《建党百年视阈下的红色出版物概念考辨》中，对红色出版物的概念进行了界定："中国共产党领导人民在传播马克思主义、践行新民主主义革命和社会主义实践的历史现实中出版的以马克思主义出版观为基本遵循，以红色文化为主要出版内容，坚持党性与人民性的统一，宣传马列主义、党的纲领路线和方针政策，蕴含爱国主义及革命精神的具有政治功能、形式多样的各类出版物。"[①]2022年12月中国国家图书馆、上海图书馆联合出版的《红色出版物总目（1912—1949）》，收录的是"建党前后至中华人民共和国成立期间，由中国共产党直接或间接领导，出版、创办的红色进步书刊。"[②]其对红色出版物的时间上限划定为1912年1月，下限划定为1949年12月，收录内容主要包括图书、期刊、报纸三部分，其中期刊、报纸统称为"连续出版物"。然而，《红色出版物总目（1912—1949）》所收录的1915年9月之前的出版物，一方面数量极少，另一方面也并不具有明显的、具有说服力的红色出版物属性，因此，红色出版物的时间上限划定为1912年1月，有待进一步商榷。

结合近几年来对红色文献的整理研究，本着防止概念扩大化的原则，本书认为，红色出版物应当属于红色文献的范畴，应以1915年9月《新青年》（原名《青年杂志》）的创刊为时间上限。理由是：《新青年》具备了红色出版物的两个关键要素：一是创办者是中国共产党创建人之一的陈独秀；二是刊物性质是宣传新文化、启迪新思想、传播马克思主义的重要平台。新文化运动是由陈独秀、李大钊等中国共产党创建人发起的一场前所未有的思想启蒙运动和空前深刻的思想解放运动，"自有中国历史以来，还没

① 黄蓉蓉、张养志：《建党百年视阈下的红色出版物概念考辨》，《北京印刷学院学报》，2021年第7期，第4页。

② 中国国家图书馆、上海图书馆：《红色出版物总目（1912—1949）》，中华书局，2022年12月，前言第1页。

有过这样伟大而彻底的文化革命”[1]。新文化运动使中国的知识分子，尤其是广大青年接受了一次民主与科学的洗礼，为马克思主义在中国的传播创造了条件。而新文化运动兴起的标志，就是《新青年》的创刊。1919年9月和11月，李大钊分别在《新青年》第6卷第5、6号上发表了《我的马克思主义观》，这是近代中国人第一篇比较全面、系统地介绍马克思主义的文章，促进了马克思主义在中国的传播。《新青年》见证了中国共产党主要创建人由启蒙社会思想到传播马克思主义思想，进而创建中国无产阶级政党的过程，是被公众广泛熟知、接受、认可的，具有开创性、里程碑意义的红色出版物。

红色出版物的时间下限，原则上应该截止到1949年10月1日中华人民共和国成立之前，但一方面由于图书出版具有延迟性，部分图书的出版周期需要几个月的时间，另一方面在实际的普查和鉴定中，很多红色文献只有年份，没有具体月份，为了鉴定中不出现遗漏，因此时间下限定为1949年12月更为合适，国家图书馆出版的《红色出版物总目（1912—1949）》和《革命历史专题文献书目（1911—1949）》的收录下限，实际上也是1949年12月。

综合上述，红色出版物的概念，应当是1915年9月至1949年12月期间，在中国共产党及其早期创建人的直接或间接领导下，创办、出版的红色图书、期刊、报纸等文献资料。

本书所涉及的沂蒙革命根据地红色出版物，主要是指1938年沂蒙革命根据地创建到1949年底期间，在沂蒙革命根据地范围内，在中国共产党的直接或间接领导下，创办、出版的图书、期刊、报纸等文献资料。具体来讲，包括鲁中区、鲁南区、滨海区以及1948年7月三区合并以后成立的鲁中南区出版的图书、期刊、报纸等。

---

① 毛泽东：《新民主主义论》，《毛泽东选集》第2卷，人民出版社，1991年6月，第700页。

三、红色出版物的发行类型

红色出版物从发行范围来讲，可以分为公开、半公开、不公开等类型。

公开出版的红色出版物，是指在中国共产党直接或间接领导下创办的，面向全社会公开出版发行的出版物。这类出版物在红色出版物中占多数，也是我们最常见的红色出版物，如山东新华书店对外公开出版的各类图书，大众日报社出版的山东分局机关报《大众日报》等。

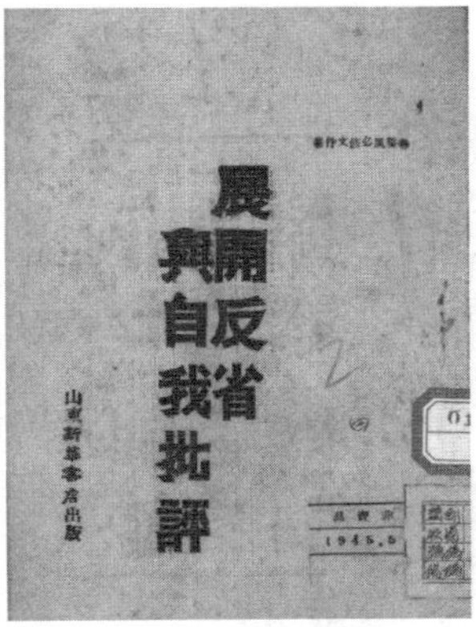

图 1：《展开反省与自我批评》

图 2：《政策学习参考手册》

半公开出版的红色出版物，是指因特殊原因只能对部分群体开放发行的出版物。如山东新华书店 1945 年 5 月出版的《展开反省与自我批评》（图 1），是当时的整风必修文件，发行对象主要是党政干部，封面注明“非卖品”；华东军区政治部编印的《政策学习参考手册》（图 2），发行对象为部队连队干部，封面注明“供营连干部用”。此外，还有一种特殊的半公开红色出版物——伪装书。伪装书，又称“托名本”“伪装本”，是将封面印成伪装书名，用以掩盖其真实内容的图书、期刊（简称“书刊”）。在中华人民共和国成立之前，在中国共产党直接或间接领导下创办的出版机构，为了应对反动当局查禁革命进步书刊，于是将书刊进行伪装，以扩大传播范围。通常做法是将封面伪装成其他书刊、不断变化书刊名称、伪托其他出版者或出版社名号等。如 1943 年 1 月大众日报社出版的《评〈中国之命运〉》（图 3），封面题名《大东亚之路》，伪托“东亚书局发行”，就是为了避免日伪军查封而出版的伪装书；再如 1948 年 10 月出版的《庆祝济南解放的伟大胜利》（图 4），封面题名《老残游记》，是为避免国民党反动当局查封而出版的伪装书。

图 3–1：《评〈中国之命运〉》

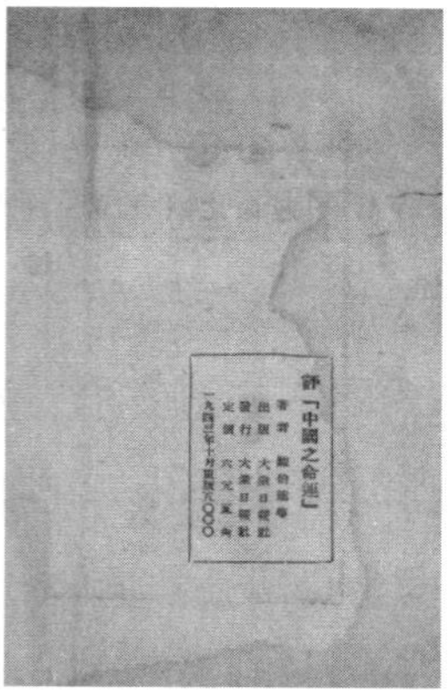
图 3–2：《评〈中国之命运〉》版权页

图 4–1：《庆祝济南解放的伟大胜利》

图 4–2：《庆祝济南解放的伟大胜利》目录

不公开出版的红色出版物，主要是一些重要的党内文件和内部资料、刊物等，只供内部人员学习参考，不对社会公开发行。如 1947 年华东局宣传部编印的《群运手册》（图 5），封面注明“党内文件不得外传”；1949 年 5 月 15 日山东分局秘书处编印的《新区工作手册》（图 6），封面注明“党内文件不得遗失”。在革命战争

图 5：《群运手册》

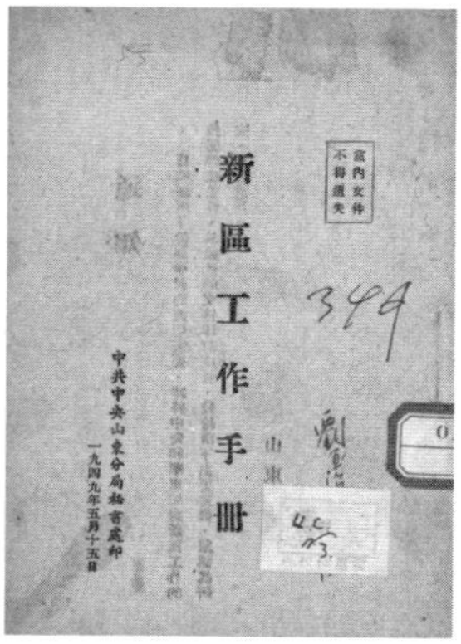

图 6：《新区工作手册》

年代，中国共产党领导下的很多机构都曾出版过内部刊物，用以沟通信息、统一思想、塑造形象、传播知识。沂蒙革命根据地出版的很多报纸、期刊，都属于内部刊物，如山东新华书店创办的《书店通讯》，华东财办邮电管理总局的机关报《邮电周报》等。

四、红色出版物的主要版本类型

红色出版物从印刷方式来讲，主要可以分为木刻、油印、石印、铅印，其对应的版本类型有木刻本、油印本、石印本、铅印本。

1. 木刻本

木刻本，即雕版印刷的本子。雕版印刷始于唐朝，流传至今，传承1400余年，是我国古代书籍的主要印刷方式。1940年，沂蒙革命根据地开展了新民主主义文化运动，普遍深入开展国民教育，开办冬学、夜校、识字班，人民群众对教材课本的需求量大增。由于当时铅印、石印设备严重短缺，满足不了大量印制课本的需求，于是木刻这种传统印刷方式，因取材便捷、复制技术简单，成为印刷识字课本的一种重要方式。如1941年在莒南县成立的滨海印刷厂，开始时就是经营木刻，专门印刷小学课本，后来添置了石印机，才开始石印。1942年春，滨海印刷厂完善为“五股一室”的机构设置，“五股”即木印股、石印股、装订股、木刻校对股、总务股，“一室”即办公室。1942年8月大众日报社出版的《战时小学常识课本》（图7），也是木刻本。此外，木刻版画成为当时报刊中报头、报花、插图等的重要来源，极大地丰富了沂蒙革命根据地报刊的艺术形式。

图7：《战时小学常识课本》

2. 油印本

油印本，是将油墨涂在用铁笔刻画的蜡纸上而印刷的本子。蜡纸油印采用的是镂空版印刷法，具体印刷步骤是将蜡纸覆在钢板上，用铁笔在上面刻字、绘画，铁笔刻写之处，蜡纸便会出现微孔，然后将油墨刷在蜡纸上，用滚筒压紧推动，使油墨透过蜡纸版，黏附在下面的纸上（图 8）。由于油印操作简单易学，设备只需要有铁笔、蜡纸、油墨、滚筒、印刷纸即可，方便携带转移，因此，各根据地出版的图书、期刊、报纸，均有油印。尤其是在抗日战争时期，日伪军频繁对根据地进行“扫荡”，为保证报刊出版的连续性，很多铅印、石印的报刊会临时改成油印。如 1939 年 8 月 1 日，《大众日报》因日军大规模“扫荡”，改为油印版三日刊，到 10 月 15 日，共出版油印版 25 期。不过，由于蜡纸不能大量印刷，油印的印量有限，一般不会超过 1000 份。所以，油印本的珍贵程度要比普通的铅印本、石印本要高。当前，油印本面临的褪色问题比较突出，亟须进行抢救性保护，加紧进行固色处理，优先进行高清扫描和全文数字化。

图 8：大众日报社工作人员在油印

油印的图书，一般采用单面印刷，环筒页装订，如 1942 年 4 月 2 日山东省战时工作推行委员会翻印的《山东省清查土地登记人口暂行办法草案》（图 9），1948 年 2 月 1 日华东军区政治部文艺工作团编印的《跑不了》（图 10）等；油印的期刊，

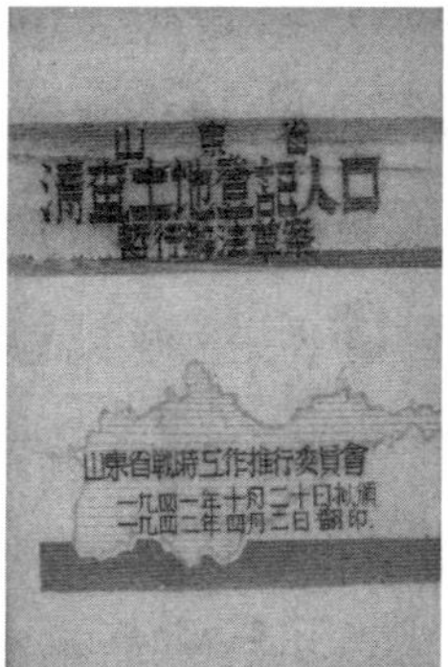

图 9：《山东省清查土地登记人口暂行办法》

图 10：《跑不了》

如 1942 年 4 月八路军山东纵队政治部编印的《文娱》（图 11）等。由于油墨的颜色可以自行调配，油印本的油墨色彩往往比较丰富，有的油印图书一个章节更换一种颜色，有的油印报纸甚至连续数期每期都更换一种颜色，如渤海军区后勤政治部编印的《建设报》（图 12），每期的颜色都有所不同，部分版面还会出现套色（两种或多种颜色），非常美观。

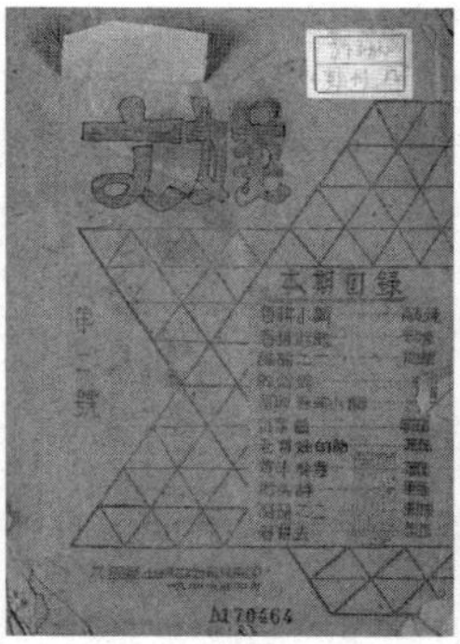

图 11：《文娱》

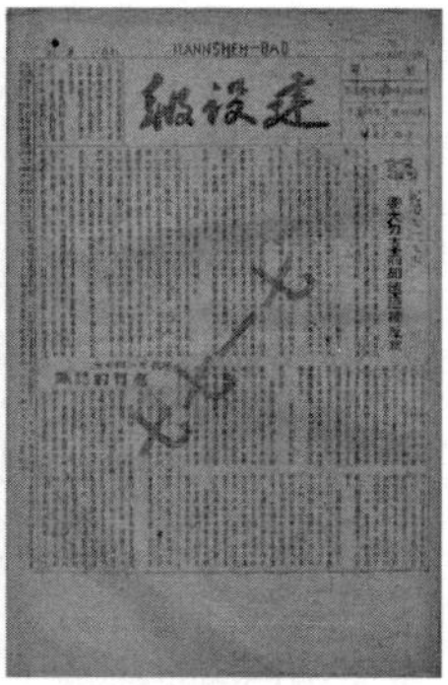

图 12：《建设报》

3. 石印本

石印本，是用石材制版印刷的本子。石版印刷技术，利用的是油水相斥的原理。缮写方法有两种：一种是用富于胶着性的药墨，直接在天然多微孔的石面上绘制文字或图案；另一种是将原稿写在特制的药纸上，等稍干之后，将药纸覆铺在石面上，强力按压之后，再揭去药纸。印刷前，先用水湿润石面，然后滚上油墨，图文部分吸墨不沾水，空白部分沾水拒墨。印刷时，将纸张覆盖在石版上，然后通过木制压架使石版上的墨迹转移到纸张上，即可获得一张印页。采用石印技术印刷的文献，文字和图画与原作可以做到不差毫厘。石印文字多以蝇头小楷为主，笔画清晰，印色饱满，非常美观。石印技术既可以用来印图书、报刊，也可以印钞票、邮票、粮票、年画、地图等；既可以是单色印刷，也可以是多色（彩色）印刷。彩色石印的文献，色彩鲜亮，如同原作。在战争年代，根据地印刷的伟人像、年画、军事地图、图书封面和彩色插图等，大都是采用的彩色石印技术。

图 13：《精耕细作》

石印的图书，如 1946 年鲁中区行政公署编印的鲁中二届劳模大会材料《精耕细作》（图 13）和《植棉经验》（图 14），字体优美，墨色浓郁，图文并茂，堪称单色石印本中的精品；石印的期刊，如 1949 年 3 月 12 日华东支前委员会政治部编印的《支前画报》（图 15），封面、封底彩色石印，正文双色石印，极有特色；石印的报纸，如 1946 年 3 月 5 日创刊，由沂山抗联群众报社出版的《群众报》（图 16），字迹美观，行距疏阔，存世稀少，尤为珍贵。

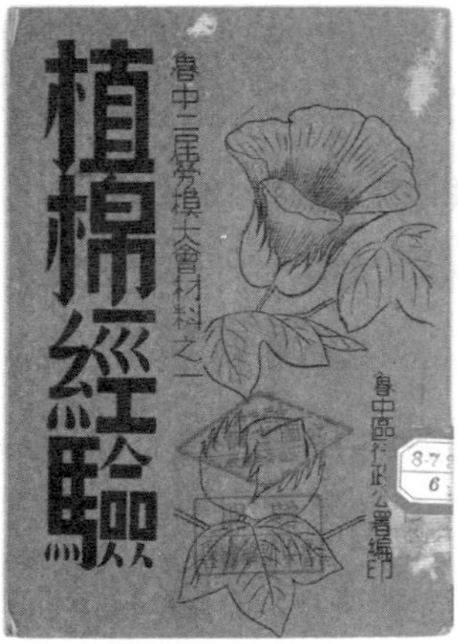

图 14-1：《植棉经验》

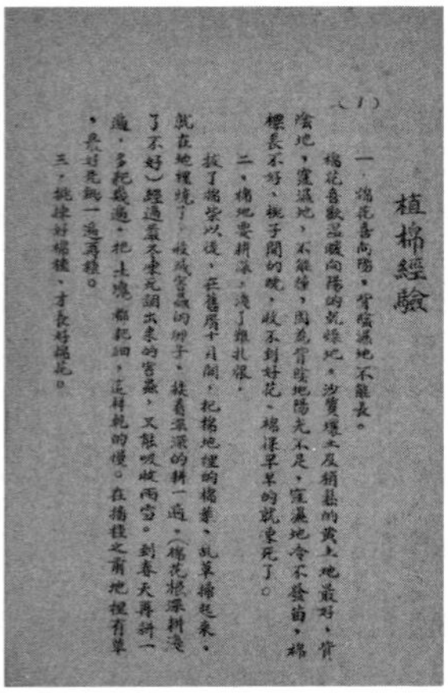
（1）

植棉經驗

一、棉花喜向陽，背陰濕地不能長。

棉花喜歡溫暖向陽的乾燥地。沙質壤土及稍黏的黃土地最好，背陰地，窪濕地，不能種，因為背陰地陽光不足，窪濕地冷不發苗，棉棵長不好，桃子開的晚，收不到好花，棉棵早早的就要死了。

二、棉地要耕深，深了雜扎根。

拔了棉柴以後，在舊曆十月間，把棉地裡的棉葉、亂草掃起來，就在地裡燒了，接著深深的耕一遍。（棉花根深耕淺了不好）經過冬天凍死的害蟲，又能吸收雨雪。到春天再耕一遍，多耙幾遍，把土塊都耙細，這樣耗的慢。在播種之前地裡有草，要好先耙一遍再種。

三、挑選好棉種，才長好棉花。

图 14-2：《植棉经验》正文

4. 铅印本

铅印本，是用铅字排版印刷，或者排版后制成复制版（纸型、泥型等），再浇制成铅版进行印刷的本子。因为制版的材质是铅，所以叫作铅印本。

图 15：《支前画报》插图

图 16：《群众报》

活字印刷术最早由中国人发明，但现当代的铅活字印刷技术，则由欧洲人发明，1843 年由英国传教士麦都思传入上海，并迅速在国内推广应用。铅活字排版印刷，成本远低于雕版印刷，出版周期也大大缩短，因此在短短几十年内，就取代了雕版印刷，成为国内主要的印刷方式。现存国内各根据地出版的红色文献，平装的铅印本占据了绝大多数。因此，在红色出版物的版本著录时，不著录印刷方式的，一般默认是铅印本。铅印本极为普遍，此处不再举例。

五、红色出版物的几种特殊印刷方式

除了木刻、油印、石印、铅印以外，在印刷画报及其他特殊图画时，还用到几种比较特殊的印刷方式，即胶版印刷、丝网印刷、铜锌版印刷。

1. 胶版印刷

胶版印刷，是根据石版印刷油水相斥的原理演变而来的。胶版印刷技术发明于1906年，其印刷过程是：先将印版空白部分用水润湿，然后经过墨辊，油墨被吸到图文部分，然后通过橡皮布，将图文上的油墨转印到纸张上。在胶版印刷过程中，印版的图文部分（亲油吸墨部分）及非图文部分（亲水部分），几乎是在同一印版的表面层上，属于平版印刷。这种印刷方式的优点是对印刷纸张表面平滑度的要求较低，图像质量好，印刷成本低，套色精度高，因此印刷出来的画报、画册、彩色宣传品的画面层次更加分明。

2. 丝网印刷

丝网印刷，始于1907年，最初用于制作印花布料和墙纸，后来也用于图书、报刊、版画的印刷。其印刷过程是先将纤细而疏松的网状织物（丝网）绷在木框之内，然后将模板放置其中，并用刮墨刀将油墨摊平，印到放置在丝网下方的纸张或布料上。在革命战争年代，用丝网印刷印制出来的图案，往往带有大量密集圆形网点，仔细看就可以通过肉眼辨别出来。丝网印刷在图书、报刊中很常见，但一般用作封面、插图的印刷，因此，不将其作为单独的版本类型。丝网印刷在彩色连环画和画报中使用的比较集中，如1946年7月30日新四军山东军区政治部编印的连环画《何万祥》（图17），文字部分是铅印，插图部分采用彩色丝网印刷；1949年3月12日

图 17：《何万祥》插图

华东支前委员会政治部编印的《支前画报》，文字部分为石印，封底版画《支前荣归》（图 18）为彩色丝网印刷，颜色极为亮丽，堪称彩色丝网印刷的珍品。

图 18：《支前画报》封底

3. 铜锌版印刷

铜锌版，也叫照片凸版，是用照相法制成的凸版印版。该版通常以铜或锌为版材，先将原稿拍报成阴片，覆在涂有感光胶液的版材上曝光，使感光部分成为不溶性且具有抗酸能力的硬化膜，然后经水洗影及版面处理，溶去空白部分胶膜。经过腐蚀后，空白部分凹下去，图文部分保存，即成印版。该版可以分为线条凸版、网目凸版和彩色凸版三种。根据材质不同，又分铜版和锌版两种。铜版以紫铜或黄铜为版材，主要用于复制照片及带有浓淡色调的图画。锌版一般用来印刷由点线面来表达图像各部分轮廓的印刷品，但版材质地较疏松，不耐印，受潮后易腐蚀，不便保存。

沂蒙革命根据地的出版社早在抗日战争时期就已经试制成功了铜锌版，但使用不够广泛。究其原因，首先，铜、锌等原材料太贵，印刷成本高，制版周期长；第二，铜锌版印刷一般需要用到特制的铜版纸，而根据地自制的土纸比较粗糙，用铜版印刷之后，画面不是很清晰，达不到应有的效果；第三，根据地照相机数量有限，摄影人员稀缺，摄影稿件不多，除非是专业的画报社，其他报社一般很少用到。沂蒙革命根据地能够掌握铜锌版技术的出版社很少，仅山东画报社、山东新华书店可以印刷铜锌版。1944 年，山东画报社绕过重重封锁，从上海购进了铜版器材，在 1944 年底试制出了沂蒙革命根据地第一幅铜版毛主席像，在 1945 年出版了山东抗日根据地第一本特刊照片画册《攻克莒县城》。后来，随着制版技术的成熟，《山东画报》逐步成为以铜版摄影照片、锌版美术作品和铅印文字为主的综合性画报。山东画报社与大众日报社、华东新华社在 1947 年 10 月联合出版的《中国人民爱国自卫战争华东战场第一年画刊》（图 19），就是采用的铜版印刷。

图 19：《中国人民爱国自卫战争华东战场第一年画刊》

六、红色出版物中的套印技术

套印本在古代主要指用两种或两种以上颜色、经过多版次印刷而成的版本。古代多用雕版木刻的方式进行套印，具体方法是：每一页上有几种颜色就刻几块版，每块版都刷上一种颜色，合在一起，就形成了套印本。套印本中用不同颜色印刷的大多是评注或圈点，十分醒目，便于阅读。最常见的套印本是由红、黑两种颜色套印而成的朱墨套印本，此外，还有三色、四色、五色、六色、七色套印及彩色套印。如清康熙四十九年（1710 年）武英殿刻印的《古文渊鉴》，为五色套印本，非常精美；明末胡正言刻印的《十竹斋画谱》《十竹斋笺谱》，清康熙年间刻印的《芥子园画传》，书中各图均采用彩色套印，同时搭配饾版和拱花两种技法，使得画面层次鲜明，栩栩如生，精丽无匹。古代除了雕版套印外，还出现过木活字版的多色套印，如咸丰年间的《御选唐宋诗醇》，为五色木活字套印本，极为罕见。

清末民初，铅印、石印、油印的出现，改变了雕版木刻一家独大的局面，成为印刷的几种主要形式。尽管如此，雕版木刻也并未退出历史舞台，而是成为图书、报刊版面的一个重要组成部分。这样，就形成了铅印、石印、油印、木刻相互搭配的新的套印方式。

抗日战争时期，沂蒙革命根据地的出版印刷条件非常简陋，但敬业的出版人，仍然想尽各种办法来增加版面的观赏性和艺术性。沂蒙革命根据地出版的报刊，几乎每期都会使用艺术性较强的木刻作品，比如铅印版的《大众日报》，创刊初期使用的报头，就是由马民书写、张钊木刻的。沂蒙革命根据地的报刊出版中，铅印、木刻套印，石印、木刻套印，铅印、石印套印等多种套印组合形式是普遍存在的。再比如，很多印刷厂都采用过铅印、石印套印，即将画报、宣传品的文字，用铅字排版后，再用石印药纸翻下版来，同图画一起印刷，效果很好。沂蒙革命根据地出版的《山东画报》《滨海画报》等画报，为了增加画面的艺术性，多采用彩色丝网印刷与铅印、石印、木刻相结合的套印技术，呈现出的画面非常美观，同时具有很强的视觉冲击力。

第三节　山东红色出版物的总体概况

中国共产党历来高度重视对文化战线的建设和领导，尤其是对出版工作的领导。中共一大通过的《中国共产党的第一个决议（1921 年 7 月）》，就明确规定："一切书籍、日报、标语和传单的出版工作，均应受中央执行委员会或临时中央执行委员会的监督。每个地方组织均有权出版地方的通报、日报、周刊、传单和通知。无论地方或中央出版的一切出版物，其出版工作均应受党员的领导。任何出版物，无论是中央的或地方的，均不得刊登违背党的原则、政策和决议的文章。"① 这一决议明确了党对出版工作的领导，保证了党在组织上和思想上的统一性、战斗性。

山东是革命老区、红色热土，是中国共产党最早建立党组织的省份之一。山东党组织的早期创建人王尽美、邓恩铭、王翔千等，早在 1919 年，就开始创办进步报刊来宣传新思想，传播马克思主义，探索救国救民之路。1921 年 5 月 1 日，在济南共产党早期组织成立之后不久，为了向工人宣传马克思主义，王翔千、王尽美等在《大东日报》副刊上创办了《济南劳动周刊》，这是山东早期党组织成立后创办的第一份报刊。此后，山东党组织一直坚持将报刊作为宣传阵地，即使是在国民党最严峻的白色恐怖统治

① 中央档案馆：《中共中央文件选集》（第 1 册），中共中央党校出版社，1989 年 8 月，第 6—7 页。

之下，也没有间断报刊的出版。山东抗日根据地建立之后，山东党组织更加重视图书、报刊的出版工作，成立了专门的图书出版机构山东文化出版社、大众印书馆、山东新华书店等，并施行了积极的出版政策，鼓励党政机关、部队、群众团体自行编印出版图书、报刊，有效地推动了山东抗日根据地的出版工作。根据2025年1月的统计数据，1919—1949年间，在山东省地域范围内，在中国共产党及其早期创建人的直接或间接领导下出版的红色图书有4000种，红色报刊有560余种，这个出版数量在我国的红色出版史上是名列前茅的。

一、山东红色出版物的四个阶段

五四运动前后，在新文化运动的影响下，我国印刷工业呈现出蒸蒸日上的形势，山东书刊印刷业迅速发展，济南、青岛、烟台有大小印刷厂（局）70多家，并且已经拥有铅印、石印、胶印、装订等现代印刷设备。

1919—1949年间，山东红色出版物从无到有、从少到多，出版机构由小到大，出版质量由粗劣到精致，出版内容由翻印中共中央及其他根据地的图书资料到自主撰写编印出版图书、报刊，在传播马列主义、宣传党的路线政策、唤醒民众觉悟、组织群众抗战等方面，起到了战鼓与号角的作用。

山东红色出版物的出版，大致可以分为四个阶段：

1. 早期萌芽阶段（1919年6月—1927年4月）

这一阶段，山东红色出版物以报纸、期刊为主，主要由山东党组织早期创建人王尽美、邓恩铭、王翔千等创办，其目的是启蒙新思想，传播马克思主义，发动工人运动，努力探求救国救民道路。

1919年6月8日，由山东省立第一师范学校学生会主办、王尽美等主编的进步刊物《山东省立第一师范学校学生周刊》创刊。该刊为16开石印本，办刊宗旨是“唤醒同胞，协心戮力以救亡”。第1期包括“国事要闻”“本省新闻”“国货、日货调查”“山东学生界斗争消息”“本校记事”

等栏目。该刊受到各界人士的广泛称赞，是目前已知由山东早期党组织创建人创办的、最早的红色出版物。

1920 年 9 月 25 日，山东第一家推销进步书刊的书店——齐鲁书社在济南成立。该社由 1919 年 10 月成立的齐鲁通讯社售书部扩大而成，王乐平任社长，王尽美、邓恩铭、王翔千等都是这里的常客，他们在读书活动中结识了一批向往共产主义的青年进步学生，秘密组建了“济南康米尼斯特学会”（即济南共产主义学会），为济南早期党组织的成立，创造了条件。

濼源新刊
LUOYUANHSINKAN
第拾貳號
山東省立第一師範學校學生自治會出版部出版

图 20：《泺源新刊》

山東省立第一中學校學生出版部
災民號

图 21：《灾民号》

1920 年 10 月 1 日，以王尽美为核心的山东省立第一师范学校学生自治会创办的《泺源新刊》（图 20）创刊。10 月 10 日，以邓恩铭为核心的山东省立第一中学学生出版部创办的《灾民号》（图 21）创刊。《泺源新刊》和《灾民号》是山东早期党组织创建人创办的、山东地区最早的两份红色报纸。

1920 年 11 月 21 日，由王尽美、邓恩铭等组织发起，主要由山东省立第一师范学校、山东省立第一中学、育英中学三校进步师生组成的“励新学会”正式成立。该会以“研究学理，促进文化”为宗旨，积极宣传新思想，探求救国救民道路。随后，王尽美任主编，邓恩铭任学会庶务，开始筹备会刊《励新》(图22)，并于12月15日正式出版了创刊号。《励新》为16开铅印本，半月刊，目前已知出版过5期，北京大学图书现存有第2、3、5期原件，其中第5期的出版时间为1921年4月15日。1921年4月3日，励新学会全体会上还曾决定以讲演词为主要内容出版第6期，1921年6月在《泺源新刊》上还刊登过《励新》第6期的出版预告，但目前尚未发现实物原件，因此，是否真正刊印过第6期尚且不能确定。《励新》以宣传新思想、介绍新文化、倡导民众教育为宗旨，在推动马克思主义传播、启迪山东青年思想觉悟方面起到了重要作用。

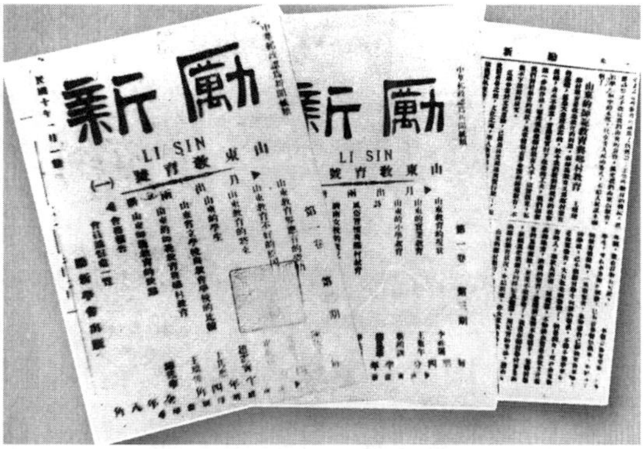
勵新
LI SIN
山東教育號

图22：《励新》

1921年春，王尽美、邓恩铭、王翔千等发起建立了济南早期党组织。随后，为了宣传马克思主义，开展工人运动，王翔千、王尽美等又创办了《济南劳动周刊》。该刊作为《大东日报》的副刊，于5月1日国际劳动节之日正式创刊，并在创刊宣言中指出，办刊目的是“促一般劳动者的觉悟，好向光明的路上去寻人的生活”。这份刊物在济南、淄博等地工人中，产生了广泛的影响。后来，该刊因经费问题停刊。1922年5月底，中国劳动组合书记部山东支部(又称“济南分部”)建立，将《济南劳动周刊》更名为《山东劳动周刊》(图23)，作为该支部的机关刊物。1922年7月9日，《山东劳动周刊》正式创刊。

山東勞動週刊
第一號
一九二二年七月九號

图23：《山东劳动周刊》

1921年7月，王尽美、邓恩铭作为济南早期党组织代表出席了中国共产党第一次全国代表大会，见证了伟大的中国共产党的诞生。从此以后，山东党组织在中国共产党的带领下，日益发展壮大，又陆续创办了《铁路工人》《晨钟报》等红色报刊，有力地推动了马克思主义在山东的传播，也为山东的红色出版点燃了星星之火。

1919 年 6 月至 1927 年 4 月，山东党组织及其创建人陈溪创办了数十种红色报刊，有文献记载的目前统计有 21 种（表 1）。

1919 年 6 月—1927 年 4 月山东地区出版的部分红色报刊					
序　号	题　名	出版者	出版时间	出版地	出版类型
1	山东省立第一师范学校学生周刊	山东省立第一师范学校学生会（王尽美等主编）	1919 年 6 月 8 日	济南	期刊
2	泺源新刊	山东省立第一师范学校学生自治会出版部（王尽美等）	1920 年 10 月 1 日—1921 年 6 月	济南	报纸
3	灾民号	山东省立第一中学学生出版部（邓恩铭等）	1920 年 10 月 10 日	济南	报纸
4	励新	励新学会（王尽美、邓恩铭等）	1920 年 12 月 15 日—1921 年 4 月 15 日	济南	期刊
5	济南劳动周刊（《大东日报》副刊）	王翔千主编	1921 年 5 月 1 日—1922 年	济南	期刊
6	新山东	山东省学生联合总会	1921 年 7 月	济南	期刊
7	工人周刊	工人周刊社（社长王尽美）	1921 年—［1923 年］	济南	期刊
8	山东劳动周刊	中国劳动组合书记部山东支部（王翔千主编，王尽美等编辑）	1922 年 7 月 9 日—1923 年	济南	期刊

1919 年 6 月—1927 年 4 月山东地区出版的部分红色报刊					
序　号	题　名	出版者	出版时间	出版地	出版类型
9	晨钟报	汝仲文、王翔千、王尽美等	1923 年 8 月 2 日—1925 年 8 月 15 日	济南	报纸
10	晨钟·星期副刊（《晨钟报》副刊）	王尽美、邓恩铭、王翔千等	［1923 年 8 月］—［1925 年 8 月］	济南	报纸
11	胶澳副刊（《胶澳日报》副刊）	邓恩铭主编	1923 年 8 月	青岛	报纸
12	新海军	郭寿生主编	1923 年 9 月—［1923 年 12 月］	烟台	期刊
13	十日	平民学会（王乐平、王尽美）	1923 年 9 月—1924 年 9 月	济南	期刊
14	现代青年	中共山东地方执行委员会（社长王尽美）	1924 年 6 月—［1924 年 9 月］	济南	期刊
15	先声	社会主义青年团青州支部	1924 年 11 月	青州	期刊
16	齐鲁青年	王尽美、丁君羊主编	1924 年	济南	期刊
17	平民课	青州平民学会	1924 年—1925 年	青州	期刊
18	铁路工人	邓恩铭、傅书堂、王元昌	1924 年—1927 年	青岛 济南	期刊
19	山东工人	中共山东地方执行委员会	［？］—1925 年 7 月	济南	期刊
20	农民小报	李清漪	1926 年	沂水	报纸
21	红星	中共山东区委	1927 年 1 月—1928 年 5 月	博山	期刊

表 1:《1919 年 6 月—1927 年 4 月山东地区出版的部分红色报刊》

2. 艰难求存阶段（1927 年 4 月—1937 年 7 月）

这一阶段，山东红色出版物仍以报纸、期刊为主，图书极少。由于处于国民党的白色恐怖统治之下，大部分报刊存在时间较短，并且处于秘密发行状态，发行范围相对较小。

1927 年 4 月，蒋介石发动四一二反革命政变，大肆屠杀共产党员、国民党左派及革命群众。1928 年，国民党军队进驻山东，国民政府开始从日军手中接管胶济铁路沿线城市，并相继改组了山东各地的国民党党部，重新进行党员登记，建立蒋系基础力量，同时，加强特务组织，大肆破坏共产党的机关，搜捕、屠杀共产党人，严厉打压进步报刊，实行白色恐怖。由于王复元、王用章等人叛变投敌，山东省委屡次遭到毁灭性破坏，省委书记邓恩铭、刘谦初等被杀害，山东党组织曾一度失去统一领导。然而，国民党的白色恐怖统治并未扼杀山东共产党人的办报热忱，他们坚持在夹缝中求生存，公开或秘密出版了不少报刊。目前能够从资料中查到的山东省委及各级党组织在 1927 年 4 月到 1937 年 7 月间创办的红色报刊有 20 余种（表 2）。这些报刊虽然存在时间较短，发行范围较小，但却在宣传革命斗争形势、号召人民群众组织起来反抗国民党的黑暗统治方面，起到了传播思想和革命动员的作用，让山东革命的火种得以延续下来。

这一阶段，山东地区的书刊出版已经完成了由传统出版业向现代出版业的过渡，采用雕版印刷术的刻坊迅速衰落，石印、铅印技术占据统治地位，为后来山东抗日根据地的红色出版奠定了技术基础。

1927 年 4 月—1937 年 7 月山东地区出版的部分红色报刊

序　号	题　名	出版者	出版时间	创刊地	出版物类型
1	省委通讯	中共山东省委（社长王复元、吴芳）	1927 年 11 月 16 日—1928 年 3 月	济南	期刊
2	支部生活	沂水支部	1927 年	沂水	期刊

1927 年 4 月—1937 年 7 月山东地区出版的部分红色报刊					
序号	题名	出版者	出版时间	创刊地	出版物类型
3	老百姓	中共山东省委	1928 年 6 月	济南	期刊
4	政治通讯	中共山东省委秘书处（社长吴可敬）	1928 年 7 月 6 日—1928 年 8 月 11 日	济南	期刊
5	红旗	中共山东省委（丁君羊主编）	1928 年 10 月 25 日—1928 年 11 月 1 日	济南	期刊
6	平民周报	中共山东省委	1928 年	济南	期刊
7	血花报	张希周	1929 年 2 月	费县	报纸
8	胶东日报	烟台地方特支与军事特支（赫道述主编）	1929 年 9 月—1929 年 12 月	烟台	报纸
9	红色鲁南报	鲁南第一支部	1929 年	郯城	报纸
10	农民	鲁南第一支部	1929 年	郯城	期刊
11	我们的教训	中共山东省委（张若臣主编）	1930 年 8 月—1930 年 11 月 21 日	青岛	期刊
12	青岛红旗	中共青岛市委	1930 年 10 月—1930 年 12 月	青岛	报纸
13	山东红旗	中共山东临时省委	1930 年 12 月 28 日—1931 年 4 月 4 日	青岛	报纸
14	党内生活	中共山东省委	1931 年 3 月	青岛	期刊
15	烟台红旗	中共烟台市委	1931 年春	烟台	期刊
16	山东群众报	中共山东省委	1931 年 7 月	青岛	报纸
17	前冲（柔锋、炬轮）	山东省立第一乡村师范学校共青团支部读书会	1931 年 12 月—1932 年	济南	期刊
18	大众	中共青岛市委	1931 年—1932 年春	青岛	期刊
19	布尔什维克	中共山东省委	1931 年	青岛	期刊

1927 年 4 月—1937 年 7 月山东地区出版的部分红色报刊					
序　号	题　名	出版者	出版时间	创刊地	出版物类型
20	工农	中共山东省委	1932 年 2 月 7 日	济南	报纸
21	蔷薇	泰安师范讲习所学生会（燕遇明、鲁宝瑛等）	1932 年 3 月—1932 年 6 月	泰安	期刊
22	赤锋	共青团益都县委	1932 年 9 月	益都	期刊
23	沂水红旗	中共沂水县委	1932 年	沂水	期刊
24	寒流	寒流文艺社主编	1933 年 11 月—1934 年	章丘	期刊
25	齐鲁文化	中共山东省委	1937 年 7 月	济南	期刊

表 2:《1927 年 4 月—1937 年 7 月山东地区出版的部分红色报刊》

3. 快速发展阶段（1937 年 7 月—1945 年 8 月）

这一阶段，在山东党组织的领导下，山东抗日根据地的报刊和图书出版发行工作都快速发展起来。各地方性的抗日根据地陆续建立起来之后，各级党委、行署、部队、群众团体纷纷编辑出版各类报纸刊物，翻印出版马列著作以及陕甘宁边区的代表性作品，并结合新民主主义文化运动及国民教育，大量印刷学习教材和识字课本。

全民族抗战开始后不久，山东党组织就带领山东各统一战线组织、各抗日民众团体，积极创办报刊，开展抗日宣传工作。如 1937 年 8 月 15 日，中共昌邑县委创办了《抗战简报》；1937 年 9 月，中华民族解放先锋队山东省队部在济南创办了《齐鲁先锋》以及《冲锋号》（《山东民国日报》副刊）；1937 年 10 月，鲁西北特委在聊城创办了《山东人》，12 月更名为《抗战日报》；等等。此外，山东地方部队为了加强宣传，也积极创办报刊。如 1938 年 7 月 1 日，八路军山东抗日游击队第三支队第十团政治部宣传科在临淄县创办了综合性刊物《血花》，油印，半月刊，每期印600份，是山东抗日根据地创建之后，由山东地方部队创办的第一种红色刊物。

胶东抗日根据地的报刊、图书出版工作开展得相对较早，发展较快。胶东抗日根据地经济相对发达，有着良好的群众基础和较好的出版印刷条件，在根据地刚建立时，就有很多地方成立了文化供应社，印刷一些小册子和抗日宣传材料。1938年6月，为了宣传教育工作的需要，胶东区特委将分散在蓬莱、黄县、掖县等地的出版机构合并，成立了胶东联合社，社址在黄县城南的莱山院。据《山东省志·出版志》记载，山东抗日根据地正式出版的最早的一种图书是1938年6月由胶东联合社出版的《怎样做瓦解敌军的工作》。1938年7月，八路军山东纵队五支队在掖县创办的《海涛》半月刊，是当时较有影响力的综合性铅印刊物。1938年8月13日，胶东大众报社在黄县创办了影响力较大的《大众报》。不久，为了进一步加强图书出版编辑工作，胶东联合社与大众报社合并，主要以胶东联合社的名义出版图书。根据2025年1月的统计数据，现存胶东联合社和大众报社出版的图书共有100种，其中胶东联合社出版的有95种。

1939年1月1日，山东分局机关报《大众日报》创刊。作为山东抗日根据地第一份全省性的报纸，《大众日报》开创了山东新闻出版事业的新纪元，一度起到了统领山东抗日根据地新闻传播和图书出版的关键作用。

1939年5月，中共中央书记处在《关于宣传教育工作的指示》中要求：各中央局、中央分局、区党委、省委应用各种方法建立自己的印刷所（区党委与省委力求设立铅字机）以出版地方报纸，翻印中央党报及书籍小册子，坚持公开宣传马列主义，出版、翻印各种关于马列主义的刊物和书籍。山东党组织高度重视、全力落实这一指示，山东抗日根据地的出版事业在极度艰苦的战争环境里迅速发展起来。

在1944年7月山东新华书店正式成立之前，山东抗日根据地的图书出版主要是由大众日报社和各战略区党委机关报社来承担的。大众日报社所属的印刷厂，早在大众日报社正式成立之前的1938年6月就已经先行成立，并于1938年9月开始印刷书籍。《大众日报》创刊后，原负责出版《大众》半月刊的大众社并入大众日报社，并分别以各自的名义出版图书。1940年4月成立的山东文化出版社，随大众日报社一起行动。1940年12月，山东文化出版社改为大众印书馆，附设在大众日报社内，受大众日报社管理委员会领导，并于1942年4月并入大众日报社。1943年7月，大众日报社成立出版科，开始以山东新华书店的名义出版图书。

各战略区的图书出版，最初也是由各区党委机关报社来负责的。如滨海区党委成立后，创办了滨海农村社，出版滨海区党委机关报《滨海农村》，同时，编印出版了不少图书；渤海区党委成立后，将原冀鲁边区的烽火报社与原清河区的群众报社合并，成立渤海日报社，出版渤海区党委机关报《渤海日报》，同时，也编辑出版各类图书。

此外，为了适应根据地新民主主义文化教育事业发展的需要，党政机关、部队、群众团体等，也都可以自己翻印、编辑、出版图书。其中，党政机关中出版图书的单位有山东分局宣传部、山东省战时工作推行委员会，以及胶东、渤海、鲁中、鲁南、滨海等各区党委及行署。如1940年8月，山东省战时工作推行委员会成立时，就成立了教育处编审科，负责冬学教材及小学课本的编辑出版。部队也可以根据需要自行出版图书，如山东军区政治部、八路军山东纵队、一一五师政治部、清河区八路军抗日游击队第三支队、滨海军区政治部、胶东军区政治部、胶东军区武装部等，都曾编印出版过图书。群众团体中也有不少出版过图书，如山东省文协、山东省妇联、胶东文协、鲁中文协、胶东农救总会等。

1944年7月，山东新华书店正式成立，山东抗日根据地的图书出版工作，逐渐集中于山东新华书店及各战略区的新华书店分店。山东新华书店及各战略区新华书店分店，最初大多数都是设在报社内部，如山东新华书店最初设在大众日报社内，渤海新华书店最初设在渤海日报社内，鲁南新华书店最初设在鲁南时报社内，鲁中新华书店最初设在鲁中日报社内，滨海新华书店最初设在滨海农村社内，胶东新华书店最初设在胶东大众报社内，等等。

这一阶段，山东抗日根据地红色出版物的特点是：各地方根据地纷纷建立报社，报纸、期刊出版数量激增；报社在出版报刊的同时，承担起了图书出版的任务；图书以宣传马列主义、党的路线方针政策和抗日军民英雄事迹为主要任务；图书以翻印、编印居多，翻印图书的样本大部分来自延安、莫斯科、上海、北平等地；报刊、图书的发行以政治宣传为主，不以营利为目的，很多为非卖品，无定价，免费发放给党政干部、部队指战员、根据地群众以及统战对象等。

4. 全面繁荣阶段（1945 年 8 月—1949 年）

这一阶段，山东抗日根据地改称作“山东解放区”，其图书、报刊出版事业飞速发展，可以说进入到全面繁荣阶段。作为出版业的主力军，山东新华书店及其各分店承担起了图书印刷、出版、发行的主要任务，并得到迅速发展，在整个解放区建立起完整的出版发行网。山东解放区的图书出版数量，与抗日战争时期相比，增长了 4 倍多，出版质量也明显提高。

1948 年 7 月 25 日，华东局下发了《关于统一党的宣传工作的指示》，规定由华东局成立出版局，统一管理华东地区党的出版事业，各战略区的新华书店分店一律隶属于出版局。山东解放区的图书出版工作主要是印行华东局分配的图书，如果要自己编印理论书刊，需要先将书名及目录报送给华东局宣传部，经华东局批准后才能印行。自此，山东解放区的图书出版工作开始有计划地进行，主要由山东新华书店（华东新华书店）及各分店负责出版，群众性的图书出版活动宣告结束。到 1949 年 10 月，山东新华书店在全省共设立了 7 个分店、2 个直属支店、124 个支店，职工达 2046 人。

这一阶段，山东解放区红色出版物的特点是：出版事业实现了统一领导，图书出版需要经华东局宣传部批准后才能印行，结束了党、政、军、群自行出版的局面；山东解放区的宣传工作重心逐渐转移到提高干部理论和政策水平上来，大量地翻印马列著作及毛泽东著作，成为这段时间出版工作的重要任务；文学、艺术类图书的出版最为兴盛，且种类多样，包括文学理论、小说、戏剧、诗歌、鼓词、报告文学、外国文学等；英雄模范事迹类和军事类图书也是这一时期图书出版的重要内容。

二、山东红色报刊的总体特点

在山东红色出版史上，红色报刊的出版纵贯山东新民主主义革命的全过程，尤其是党报党刊的出版，从未间断过。山东党组织在不同的历史时期，都高度重视党报党刊的出版工作，将其作为舆论宣传的重要阵地。党报党刊是党的喉舌，是宣传马列主义和党的路线、方针、政策的重要载体，也是党联系群众、动员群众、组织群众的重要阵地。党报党刊与党的理论学习和思想政治教育紧密结合，用群众喜闻乐见的形式宣传党的政治主张和方针政策，发挥出强大的舆论动员作用，为革命凝聚起巨大的物质力量和精神力量。

山东红色报刊的出版，总体来说，具有鲜明的战时性和大众性的特点：

第一，办刊宗旨明确，具有极强的针对性和指导性。山东党组织非常重视舆论的导向作用及报刊的宣传教育功能，积极贯彻“全党办报”方针，服务于抗战，把党的政治主张传播到群众中去，指引群众积极抗战，争取胜利。每种报刊的出版，都是根据每个时期党的中心任务来确定的，如1938年9月中共苏鲁豫皖边区省委创办的《大众》半月刊，其发刊词中，就明确提出办刊宗旨是“为了及时向广大群众宣传党的政治路线和主张，动员组织各地群众参加抗日民族解放斗争。”山东分局机关报《大众日报》，将“党的立场，群众的报纸”作为办报宗旨。这一办报宗旨，对其他党报党刊的创办，具有指导作用。

第二，大部分报刊生命周期较短，刊期、开本、印刷方式不固定。由于战争原因，机构合并、报社转移都极为频繁，报刊原定的刊期、开本、印刷方式，都会经常出现变动。敌人严酷的“扫荡”“蚕食”，导致报刊出版时断时续，停刊又复刊的情况极为常见，有些报刊甚至只出版一期或几期就永久停刊。如渤海区行政公署1945年12月出版的《渤海民主导报》，冀鲁豫新华书店1949年7月出版的《平原画报》等，都仅出1期就永久停刊。据《山东出版志资料》第8辑中的《山东解放区期刊出版概况（1938年—1949年9月）》统计，出版3期以内就停刊的报刊有80种，停而复刊的达150种。报刊的开本也常常因为版面、印刷机器、纸张供应松紧程度等诸多因素而时大时小。此外，同一种报刊的印刷方式也会经常变动，如在日军“扫荡”频繁的1939—1942年，很多铅印报刊临时会改成油印、石印，如《大众日报》等。

第三，报刊内容与时事联系紧密，具有很强的时效性、真实性。报刊具有极强的时效性，很多报刊没有设立固定的编辑部，新闻记者和编辑人员往往深入到战争一线进行火线采稿、编稿，利用战斗空隙编印出版，并且迅速下发到读者手中。如1944年7月渤海军区编印的《火线画报》创刊号，就是在战斗一线采稿、编稿，在战壕里速写、速画、速编、速印，并快速发放到连队中去的。报刊大都秉承着对人民负责的态度，注重报道的真实性，做到用事实说话，不弄虚作假。新闻记者和编辑人员尤其重视实际采访工作和调查研究工作，深入战斗一线和人民群众中去，同战士们一起训练、作战，与人民群众一同从事生产、救灾，向人民群众寻求事实真相，并广泛发动群众作工农通讯员，为报刊供稿，提供第一手的报道素材，增强宣传报道的真实性。

第四，作品立足大众，贴近生活，通俗易懂。报刊的作者群体非常广泛，既有专业编辑、新闻记者，也有普通干部、战士、群众。尤其是1942年以后，根据地开展了广泛的工农通讯运动，极大地丰富了作者群体。他们写出的文章，贴近生活，贴近实际，具有短小精悍、生动活泼、通俗易懂的特点。如鲁中南区党委机关报《鲁中南报》，就把“一切为了前线”作为宣传报道的中心任务，以报道支援前线和前线战事为主要内容，强调大众化、通俗化、口语化，即使粗通文字的庄户人也能念通，不识字的庄户人也能听懂，因此，被群众亲切地称作“庄户人的庄户报”。该报拥有工农通讯员 5000 余人，为鼓励工农通讯员积极参与，提出了“工农写，写工农”的口号，并开辟了“工农习作”专栏，专门发表工农通讯员的文章，激励他们积极写稿、投稿。

第一章 沂蒙革命根据地的报刊出版

抗日战争时期，山东党、政、军、群领导机关，长期在沂蒙山区驻扎，沂蒙革命根据地成为山东抗日根据地的战略指挥中心、军事中心、行政中心和文化中心。沂蒙革命根据地的出版事业，先后在山东省委、苏鲁豫皖边区省委、山东分局、华东局的高度重视和指导下，随着沂蒙革命根据地的创建而兴起、发展、壮大。自1938年沂蒙革命根据地创建之后，山东省委及各级党组织就开始着手创建党报党刊，翻印马列著作、毛泽东著作单行本以及各种宣传小册子。后来，随着沂蒙革命根据地抗日武装和民主政权不断建立和壮大，各项文化事业也逐渐完善起来，出版事业得到迅速发展，报刊的种类、数量明显增多，出版质量也逐步由粗劣到精致，并建立起以沂蒙革命根据地为中心，辐射全省乃至全国主要根据地的报刊发行网。根据2025年1月的统计数据，沂蒙革命根据地在1938—1949年间共计出版报刊220余种，在山东红色出版史上占有重要位置。

第一节 沂蒙革命根据地的出版发行政策

中共中央和山东党组织高度重视沂蒙革命根据地的出版工作，将其作为一项极为重要的工作来看待，不断推出积极有效的出版政策，极大地促进了根据地出版事业的发展，为山东的新民主主义文化运动、文化翻身运动提供了有力支撑。沂蒙革命根据地在全国率先实现了“邮、交、发”一体的出版发行模式，为全国的出版发行事业作出了突出贡献。

1938年5月21日，山东省委在泰安县南上庄召开会议，讨论了《发展和坚持山东游击战争的战略计划》，其中心内容就是创建“沂蒙山区根据地”。这次会议还作出了创办报刊，大力开展宣传教育工作的决定。山东省委任命于一川为省委宣传部宣传科长，负责先行筹建印刷厂。会后不久，山东省委扩建为苏鲁豫皖边区省委，并于8月进驻沂南县岸堤镇，开始筹办省委机关报。12月，苏鲁豫皖边区省委改名为山东分局。随后，《大众日报》作为山东分局机关报，于1939年1月1日，在沂水县王庄村正式创刊。

1939年3月22日，中共中央发布了《关于建立发行部的通知》，要求“从中央起至县委止一律设立发行部，必要时区委亦应设立发行部”[①]。5月17日，中共中央又发出了《关于宣传教育工作的指示》，要求从中央局起一直到省委、区党委以至比较带有独立性的地委、中心县委止，均应出版地方报纸。党委和宣传部均应以编辑、出版、发行地方报纸作为自己的中心任务。各中央局、省委、区党委要运用各种方法建立印刷厂，出版地方报纸，翻印党报及书籍。

1940年7月26日至8月26日，在沂南县青驼寺举行了山东省各界救国联合总会的成立大会（简称“联合大会”），选举成立了山东省抗日民主政府最高领导机构——山东省战时工作推行委员会，其下所设的教育组，是山东抗日根据地的教育行政机构，统领全省党政军民文化教育宣传工作。在这次大会上，山东分局书记朱瑞作了《从国际到山东》的报告，提出要“加紧群众的宣传、教育、文化、出版事业，扩大参战与抗战的动员。”[②]

在联合大会召开期间，还成立了山东省文化界救亡协会（简称“省文协”），这是受山东分局直接领导的山东文化界统一的群众组织，是具有统

① 中国社会科学院新闻研究所：《中国共产党新闻工作文件汇编》（上卷），新华出版社，1980年12月，第88页。

② 山东省档案馆、中共山东省委党史研究院：《山东革命历史档案汇编》（第3辑），新华出版社，2021年1月，第1498页。

一战线性质的群众性文化团体。1940 年 8 月 16 日，省文协副主任杨希文作了《急待开展的山东新文化运动》的报告，总结了抗战以来山东的文化运动和文化工作，提出了山东文化工作的五项任务，即加紧对敌伪宣传、展开两条政治路线的斗争、扩大讨汪除奸运动、开展文化界的统一战线、为开展战地新文化的建设而奋斗。该报告为根据地开展群众教育指明了方向。群众教育需要大量课本、教材，因此，成立出版印刷机构以保障群众文化需求，成为根据地急需解决的问题。

1940 年 9 月，省文协执行委员会通过了《山东文化界救亡协会工作纲领》，对图书、报刊的出版发行提出三点要求：第一，以地区为单位建立编辑出版机关，大量地编纂各种教材、通俗读物、理论丛书及各种小册子。第二，大量建设铅印、石印、油印等印刷机关，创办造纸、油墨等印刷工业。第三，发展书报流通机构，开办书店代办所，流通图书馆等，方便为群众提供文化食粮。这些要求和措施，对根据地的图书报刊出版发行工作起到了重要的推动作用。

1940 年 12 月 7 日，山东分局下发《关于宣教工作的指示》，传达了中共中央关于发展出版事业的指示："较大的根据地，应建立一个完善的印刷厂，要力求完善与扩大，要把一个印刷厂的建设组织，视作一万个军队"，"要有专门的运输机关和运输掩护部队，要比运输粮食、运输衣服看得重要"①。

1941 年 1 月 1 日，山东省战时工作推行委员会颁布了《关于 1941 年文教宣传工作计划大纲》，制定了发行报纸、扩大印刷业、建立发行系统三项计划：在发行报纸方面，要求每个地区都要有一个定期刊物，每个专员区都要有一个地方性的报纸，每个县尽可能有一个油印小报，并建立全省的通讯网；在扩大印刷业方面，要求每个行政区至少有一个铅印厂，每个专员区至少有一个石印厂，使它的产量能够供给本区域的教材，建立造

① 中共山东省委党史研究室：《山东党的革命历史文献选编》（第 4 卷），山东人民出版社，2015 年 1 月，第 130 页。

纸厂、油墨厂，做到纸张、油墨自给自足；在建立发行系统方面，要求以行政区为单位建立统一的发行机关，并能深入到每个村庄，全省各级政府建立驿运，统一交通工作，及时把书报运到每个村庄。

1941 年 4 月 13 日，《大众日报》发表了题为《当前敌后文化教育工作的方针》的社论，要求各地“大量兴办文化出版机关，建立和健全各个地区的印刷厂，以便保证报章、刊物、杂志、书籍等多量文化食粮的供给。这一工作的重要应与建军工作同等重要看待”。

1941 年 6 月，山东分局召开宣传工作联席会议，宣传部长李竹如对全民族抗战四年来的山东宣教工作进行总结，强调今后要大量编辑供给宣教材料，加强交通发行工作。具体包括三项措施：一是地委以上宣传部要成立编审委员会，大量编辑党内教材，尤其是时事教材与补充教材；二是扩大现有印刷机关，要求每县有一架石印机，地委、区委有两架以上的铅印机和石印机，成立印刷局或印刷合作社，提倡用木版印刷教科书和各种教材；三是推动当地政府或报社成立战时邮局，建立各地交通网。

1941 年 7 月 4 日，山东分局又发布了《抗战第五年的山东十项建设运动》，要求“发展出版事业，大量出版报纸杂志，教材读物，使每个专区有单独供给各种出版物之印刷机关与收发新闻之电台”[①]。

为了适应敌后战争环境，便于敌后抗日军民之间的相互联系，山东省战时工作推行委员会决定成立战时邮局。1942 年 2 月 7 日，山东省战时邮务总局（简称“战邮总局”）在沂南县宣告成立。战邮总局以下，在各行政主任公署设管理局，在各专员公署设区邮局，在各县设县邮局，在各区或中心村镇设立代办所。战时邮局为半营业性质，以信函传递和报刊发行为主，以“争取时间，掌握干线，打通邻区，主动联系”为工作方针，努力冲破敌人的封锁线，沟通与山东各战略区之间的联系。到 1944 年 6 月，山东战时邮局在极端困难的条件下，冲破敌人 120 多道封锁线，建立起 1.72

① 中共山东省委党史资料征集研究委员会：《山东抗日根据地》，中共党史资料出版社，1989 年 7 月，第 81 页。

万华里的路线（不包括划归冀鲁豫边区的山东部分），发展成为能担负起交通、发行、邮务3项任务的交通组织，在传播文化和交流经验方面，起到了重要的桥梁作用。

1943年10月22日，山东分局下发《为改进今后宣传教育工作的指示》，要求提高对党报党刊的思想原则领导，加强对党报的集体领导，健全党报委员会，健全发行工作和通讯网，并指出发行工作和通讯网是党通过党报与群众联系的桥梁。

1944年6月，为了准备全面反攻，完成接下来更加繁重的邮政任务，战邮总局召开了第一次全省战邮工作会议，进一步完善和健全了战邮工作各项规章制度，使战邮工作逐步走向系统化、规范化。会议提出：以战略区为单位，主动打通四邻的联系；加紧开展通过敌顽占区的交通工作；争取时间密切各方面的联系；立即恢复已取消的秘线交通；做好党报党刊的发行工作和邮务工作。

1948年7月25日，华东局下发《关于统一党的宣传工作的指示》，规定由华东局成立出版局，统一管理华东地区党的出版事业，各战略区的各级新华书店一律隶属于出版局，山东解放区的图书出版工作开始有计划地进行，群众性的出书活动宣告结束。

第二节　沂蒙革命根据地各级党委的报刊出版

在中共中央的关怀指导下，山东党组织充分认识到，报刊作为党的喉舌，在宣传党的抗战主张和方针政策、教育动员群众参与抗日救亡运动、揭露日寇侵略目的和罪恶行径等方面都能够发挥重要作用，因此高度重视报刊的出版发行工作，把创办报纸刊物作为大事来抓，动员社会各界力量，克服各种困难，千方百计地创办报刊，发展新闻出版事业。根据2025年1月的统计数据，1938—1949年间，沂蒙革命根据地出版的报刊多达220余种。这些报刊，由于受战争环境的限制，难免存在印刷质量不高、文字标点使用不规范等现象，但在配合战争形势及时传播党的方针政策、组织发动群众方面，发挥的作用却是不可估量的，当时的群众形象地将它们称作“文化炸弹”。

沂蒙革命根据地作为山东革命根据地的中心，其报刊出版主体非常广泛，包括省委、各战略区党委、区县党委、省政府、各战略区行署、各区县行署、八路军一一五师、新四军山东军区、华东军区、各级文协、各级妇联、各级青联、各类学校等。按照创办主体的性质来划分，大致可以分为各级党委创办的报刊、各级民主政权创办的报刊、驻军部队创办的报刊、群众团体创办的报刊四类。

一、山东省委创办的报刊

1938—1949年间，山东省委曾多次易名。1938年5月，山东省委扩展为苏鲁豫皖边区省委。1938年12月25日，苏鲁豫皖边区省委改为山东分局，归北方局领导，负责山东党组织各项工作。1945年10月25日，山东分局和北上的华中局合并，组成华东局，统一领导山东、华中两大战略区的党政工作。1949年3月，华东局南下，山东分局重新成立。

山东省委创办的报刊，有苏鲁豫皖边区省委宣传部创办的《大众》半月刊，山东分局宣传部创办的《大众日报》《斗争生活》《斗争文选》《工作通讯》等，华东局创办的《斗争》《工作情况》等。

1.《大众》半月刊

1938年9月，苏鲁豫皖边区省委在沂水县创办了综合性的时政刊物《大众》，为了与后来出版的同名报刊进行区别，通常称作“《大众》半月刊”。该刊物由省委宣传部长孙陶林任主编，32开，半月刊，初为石印，后改为铅印。

《大众》半月刊的办刊宗旨是“为了及时向广大群众宣传党的政治路线和主张，动员组织各地群众参加抗日民族解放斗争。”该刊主要报道国际国内大事，刊登毛泽东等中央领导人的著作和地方党组织领导人的报告，以及有关军队、妇女、青年工作的文章。

1939 年 1 月 1 日，《大众日报》创刊之后，《大众》半月刊正式移交给大众日报社管理，由大众日报印刷厂印刷，大众日报社分销处分销。1940 年，出至第 35 期时，改为月刊。1941 年 8 月，《大众》半月刊停刊，前后共出版 45 期。

2.《大众日报》

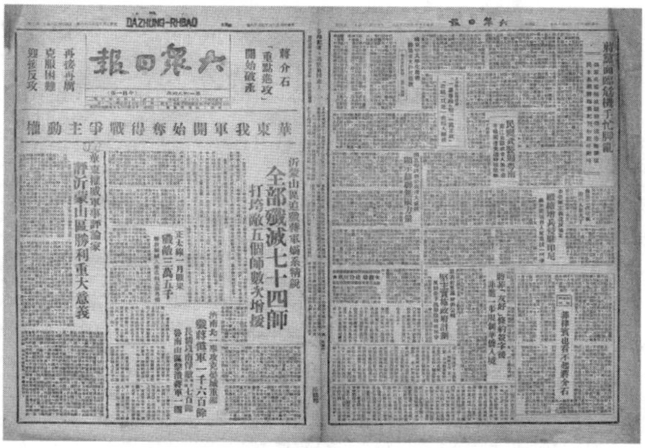

DAZHONG-RHBAO

大衆日報

蔣介石「重點進攻」開始破產

再接再厲 克服困難 迎接反攻

華東我軍開始奪得戰爭主動權

沂蒙山區追殲蔣軍嫡系精銳

全部殲滅七十四師

打垮敵五個師數次增援

評沂蒙山區勝利重大意義

殲敵三萬五千

殲蔣偽軍一千六百餘

图 1：《大众日报》

1939 年 1 月 1 日，山东分局机关报《大众日报》（图 1）在沂水县夏蔚乡王庄村创刊，4 开 4 版，铅印，三日刊，刘导生任社长，匡亚明任总编辑。《大众日报》是我国报业史上连续出版时间最长的党报，也是山东抗日根据地第一份全省性报纸，开创了山东新闻事业史上的新纪元。1945 年 10 月，山东分局与华中局合并成立华东局，《大众日报》成为华东局机关报。1949 年 3 月 20 日，华东局南下，山东分局重新成立，《大众日报》再次成为山东分局机关报，同时兼济南市委机关报。1955 年 1 月 1 日，山东分局改为山东省委，《大众日报》改为山东省委机关报，并出版至今。

大众日报社在极端艰苦的战争条件下，仍然坚持出版，坚持把报纸送到读者手中。抗日战争时期，在敌人频繁“扫荡”时，由于铅印设备不方便转移，不能出版铅印报，就改出油印报、石印报，不能出 4 开 4 版，就改出 4 开 2 版，或 8 开、16 开的小型报纸。《大众日报》的发行，不仅限于山东全省，还几经辗转，送到数千里以外的延安，使中共中央能够及时了解山东的情况，加强对山东工作的指导。1945 年 4 月，在中国共产党第七次全国代表大会上，《大众日报》被评为敌后办得最好的报纸之一。有关《大众日报》的具体情况，将在第三章中进一步详细讲述。

3.《斗争生活》

《斗争生活》1940 年创刊，是山东分局创办的综合性刊物，是山东分局的党刊，由大众日报社负责出版发行，不定期出版，1947 年 7 月停刊。

1943 年 5 月 10 日，山东分局宣传部下达了《关于〈斗争生活〉发行和阅读的通知》，指出《斗争生活》是山东分局的党刊，根据每期内容规定发至何级；由一定的人员负责保管，定期收回；其发行与阅读应成为各级党组织的经常性工作之一；《斗争生活》上所刊载的重要文章，应在党内组织讨论，并贯彻到工作当中。

《斗争生活》上的文章都具有很高的史料价值。如 1941 年 6 月 15 日的第 9 期上，刊登了李竹如的《战斗四年中山东党的宣教工作》，这是李竹如在宣传联席会议上的总结报告，对 1937—1941 年间山东的宣教工作进行了全面总结；1942 年 8 月 1 日的第 16 期上，刊登了罗荣桓的《坚持我们的边沿游击区》一文，分析了过去边沿区工作存在的问题，指出边沿游击区的斗争方针是深入隐蔽，扎根于群众之中，必须紧密地联系群众、依靠群众、动员群众、组织群众，帮助群众克服困难，提高群众对共产党和八路军的信任度。

4.《斗争》

《斗争》（图 2）是华东局创办的对内指导工作、教育干部、交流经验的党内刊物，1947 年 7 月 20 日创刊。《斗争》创刊后，原山东分局创办的《斗争生活》宣布停刊。

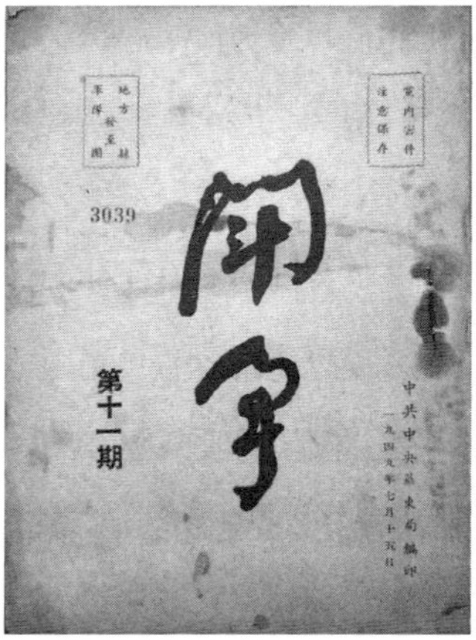

图 2：《斗争》

《斗争》的主要内容包括中共中央、华东局、华东区各级党委的重要指示、决议，中共中央、各中央分局、各野战军领导人的文章，以及华东局下辖各地的工作情况和工作经验等。华东局在第 1 期的《通知》中，要求“各级党委、党组及党员干部，对《斗争》所载各文，应认真研究，组织讨论，并把《斗争》上所提倡、表扬的精神贯彻到工作中去；对于《斗争》上指出的缺点，则应进行自我检讨，有则改之，无则加勉，以减少工作中的错误”。这也是《斗争》的办刊方针和指导思想。

《斗争》32 开，铅印，虽然第 1 期上注明“每月出版一期”，但实际上是不定期刊物，1949 年 9 月 30 日出版至第 18 期后停刊。发行范围是地方发至县，军队发至团。由于前几期印量较少，1950 年 8 月 1 日，华东局专门编印了创刊号至第 8 期的合订本，可供参考。

二、各战略区党委创办的报刊

各战略区党委创办的报刊，有鲁中区党委创办的《鲁中日报》《鲁中大众》《工作通讯》《和平民主报》，鲁南区党委创办的《鲁南时报》《先进》《鲁南工作》，滨海区党委创办的《滨海农村》《滨海画报》《工作通讯》《支部通讯》，鲁中南区党委创办的《鲁中南报》《工作通讯》，等等。

1.《鲁中日报》

《鲁中日报》（图 3）是鲁中区党委机关报，1943 年 4 月创刊于沂南县岸堤镇王山村，4 开 4 版，铅印、石印并用，三日刊。发行量最初是 500—600 份，后来扩大到 2000 多份，是沂蒙革命根据地一份颇有影响力的报纸。

鲁中日报

图 3：《鲁中日报》

1943 年春，因为战争形势需要，大众日报社从鲁中区迁到滨海区，对鲁中区的报道逐渐减少，而沂蒙地委创办的《沂蒙导报》又难以担负起整个鲁中区的宣传任务，于是，鲁中区党委决定，撤销《沂蒙导报》，在其基础上创办《鲁中日报》，作为鲁中区党委机关报，王中任社长，姜丕之任副社长兼主编。鲁中日报社编辑部人员以沂蒙导报社成员为基础，又从各方面抽调人员组成。

《鲁中日报》以宣传军事斗争、大生产运动和英雄模范为主。一版、二版为本地新闻及社论；三版为国际国内新闻、形势与任务综述或宣传提纲等，1943 年冬报社设置电台后，改为刊发新华社播发的新闻及时事评论等；四版是文艺版或副刊，设有“工农习作”“民兵故事”等栏目，深受读者欢迎。单手战斗英雄曹世范、劳动模范朱富胜的事迹，都最先在《鲁中日报》进行宣传报道。

鲁中区党委高度重视工农通讯工作，要求各级宣传部门把通讯读报工作作为重要的工作内容，提出“在通讯工人上打人民战争”的口号。在鲁中区党委的支持下，《鲁中日报》在鲁中区三分之二以上的县建立起了通讯站，在各大自然村普遍建立起来了读报组和通讯小组，工农通讯员发展到 1100 余人，每月通讯来稿达 500 余篇。当时最有名的通讯员朱富胜还提出了“登不登，往里拥”的口号，极大地调动了广大通讯员的投稿积极性。《鲁中日报》的工农通讯工作，有力推进了鲁中区的新文化运动，提高了群众的文化水平和思想政治水平，受到了延安新华总社的表扬。

1945 年 8 月 15 日，日本宣布无条件投降。此时，山东各抗日根据地已基本上连成一片，迁至滨海区的《大众日报》能够迅速发行到鲁中区。1945 年 9 月，鲁中区抽调大批骨干赴东北支援新区工作，鲁中日报社的大部分人员都随军北上，于是，鲁中区党委决定将《鲁中日报》停刊，创办新的《鲁中大众》作为区党委机关报。

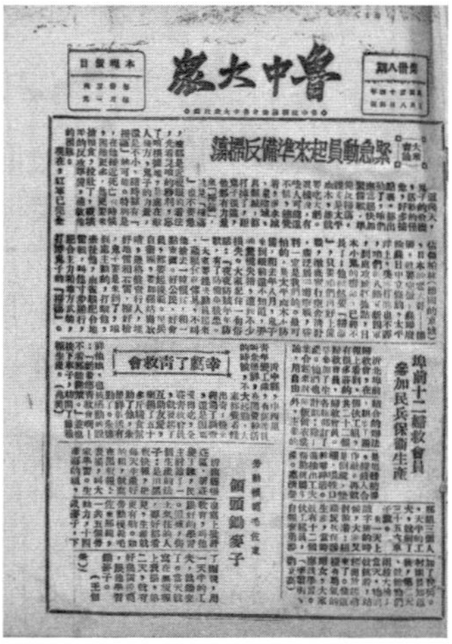
魯中大衆
緊急動員起來準備反掃蕩
幸福了青救會
埠前十二個救會員參加民兵保衛生產

图 4：《鲁中大众》

2.《鲁中大众》

1944 年 5 月 1 日，《鲁中大众》（图 4）在沂南县隋家店村正式创刊，王伯萍任主编，4 开 4 版，铅印，周二刊（每周出 2 期），鲁中印刷厂承印，战时邮局发行。1945年8月15日，鲁中区第一届群众团体代表大会在沂水县召开，正式选举产生鲁中区各界抗日救国联合会（简称“鲁中抗联”），《鲁中大众》成为鲁中抗联机关报。

鲁中大众社最初成立时，与新华社鲁中分社合为一体，在业务上受《鲁中日报》编委会的领导，与鲁中日报社一起办公和行动，主要责任人是《鲁中日报》总编辑宫达非，负责决策编辑计划，参与编前会议审议以及审查《鲁中大众》的主要稿件和大样。

1945年8月，鲁中区党委根据形势需要，决定撤销《鲁中日报》，将《鲁中大众》停刊，另创办新的《鲁中大众》（图5），作为鲁中区党委机关报。

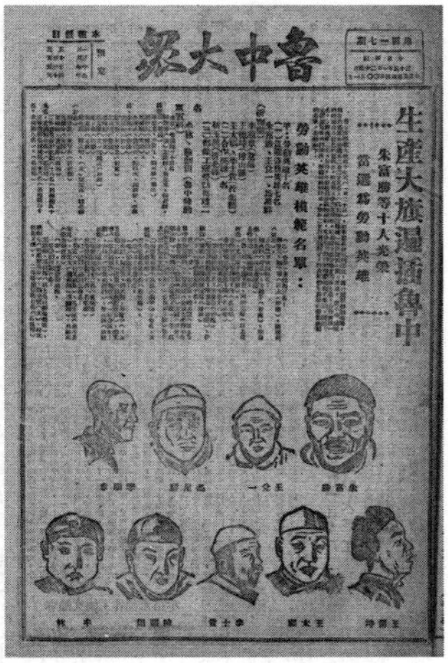
魯中大衆
生產大旗遍插魯中
朱富勝等十人光榮當選爲勞動英雄
勞動英雄模範名單：

图5：新《鲁中大众》

1945年9月，新《鲁中大众》在沂源县鲁村区舍庄创刊，继续沿用原来刊期，4开4版，铅印，三日刊。鲁中区党委宣传部副部长于寄愚兼任社长，宫达非任副社长兼总编辑，社长、总编辑之下设置编辑科、通联科、报道科、报务科、秘书处、经理部等，同时成立了编委会，建立了报社印刷厂。经过一番调整，鲁中大众社的工作人员由原来的不足百人增加到170余人。

《鲁中大众》以发展生产、土地改革、支援前线、揭露国民党的阴谋为宣传主线，同时兼顾群众的文化翻身、政治学习和日常生活常识等需要，力求做到既有鲁中区本地特色，又兼顾全国和全省各地新闻。在版面安排上，一版主要报道全国各地反蒋斗争中的重大军事政治活动以及鲁中区各县农民劳动与武力结合取得的新胜利；二版以土地改革、生产备荒和支援前线为主，同时报道一些模范人物的先进事迹；三版主要刊登工农学习和教育方面的动态，如冬学、妇女识字班、儿童团的活动等；四版主要报道时事政治以及各国政治动向、经济发展新措施等。此外，报纸还开辟了一些趣味小栏目，如“信箱”“百事通”“千里眼”“黑板报”“生活常识”“地理常识”“庄户老师”等，受到广大读者的欢迎。

《鲁中大众》特别加强了军事报道，除大力宣传党中央的伟大战略思想外，还在一版显著位置大力报道人民解放军在各个战场上取得的胜利，极大地鼓舞了军民士气。对于解放军在一些重要战役中取得的重大胜利，经常采取发《号外》的方式，及时向群众进行宣传，诸如莱芜战役、孟良崮战役等，都出过套红版的《号外》（图 6）。此外，《鲁中大众》的记者们深入调查，扎实报道，形成了“一事一报”“一人一报”的特点。例如，1947 年 6 月 10 日，报纸以《妇女支前拥军样样好》为题，报道了蒙阴县野店区烟庄村妇女张玉梅、伊廷珍、杨桂英、伊淑英、冀贞兰、公方莲 6 人支前拥军的事迹，使“沂蒙六姐妹”这一支前模范妇女群体的先进事迹传遍了整个沂蒙山区。除了文字报道，该报还使用了大量的连环画、歌谱等进行宣传，比如用连环画《地雷战》《学文化》等来赞美群众的聪明才智；采用当地群众熟悉的民间小调作为宣传歌曲的旋律，并配以通俗易懂的歌词；还有“争取胜利”等有趣的小游戏。这些内容在潜移默化间寓教于乐，起到了很好的宣传作用，受到根据地军民的普遍欢迎，报纸发行量迅速增加，1946 年每期 5000 余份，1947 年达到每期 10000 份以上。

號外
迎接新春慶祝大勝利
我魯南前線大軍
收復棗莊消滅蔣軍一個師
先活捉就有八千多人
師長周毓英也被捉住了

图 6：《鲁中大众・号外》

《鲁中大众》提倡用大众化的编辑方法来办报，成为当时通俗化办报的榜样，吸引各地报纸进行学习。总编辑宫达非高度重视报纸的大众化编辑，亲自撰写了《大众化编辑工作》一书，来解答编辑过程中遇到的具体问题。在实际办报过程中，编辑们也将报纸的大众化、通俗化作为重中之重，报纸的语言力求将鲁中方言与普通用语融为一体，浅显易懂，生动有趣，让文化水平较低的普通群众也都能一听就懂。此外，《鲁中大众》还用通俗易懂的“大众言论”代替了社论，成为该报的一大特色。

《鲁中大众》积极开展工农通讯运动，特别抽调内勤人员对工农通讯员进行指导。内勤人员一方面不断发展工农通讯员，建立通讯网，组织读报组，指导通讯员办黑板报；一方面通过来稿掌握群众对政策的理解贯彻情况，及时发现问题，反馈意见。报社要求内勤人员对工农通讯员的每篇来稿都要有处理意见，每封来信都要有亲笔回复，稿件中的错别字也要回信指正。“孩子诗人”苗得雨就是在投稿中被总编辑宫达非发现的。在报社人员的帮助下，这名仅上过两年私塾的 14 岁赤脚少年，在不到两年的时间里，用打油诗、顺口溜的形式投稿几百篇，成为鲁中区工农通讯员的优秀代表。

1947 年，国民党军队对山东解放区进行重点进攻，鲁中大众社被迫将病弱人员和部分妇女转移到滨海区，只留不足 100 人坚持出版。1947 年 10 月，报社转移到沂源县马家河西村。由于战争影响，农村经济受到极大破坏，再加上纸张奇缺，鲁中区党委决定停办《鲁中大众》，将办报人员全部投入到生产救灾中。1948 年 2 月，《鲁中大众》宣布停刊。

3.《鲁南时报》

1940 年 5 月，鲁南区党委成立。为了及时传达党中央的指示，指导鲁南根据地建设，在八路军一一五师政委罗荣桓的提议下，鲁南区党委决定创办《鲁南时报》（图 7），作为区党委机关报，宣传部长林乎加兼任社长。

魯南時報
加強團結抗戰粉碎敵人新進攻！
解放日報社論：
在民主與團結的基礎上加強抗戰爭取最後勝利

图 7：《鲁南时报》

为了支持地方办报，八路军一一五师政治部将其专门为地方群众创办的《时事通讯》移交给鲁南区党委，并入《鲁南时报》。罗荣桓还亲自为《鲁南时报》题写报头，并派原负责《时事通讯》采编工作的白刃到鲁南时报社任总编辑。

1940 年 7 月 1 日，《鲁南时报》在费南县（今平邑县）天宝山区油篓村正式创刊。《鲁南时报》是沂蒙革命根据地影响较大的报纸之一，其办报宗旨是及时传播中共中央声音，鼓舞和指导鲁南人民的革命斗争。

《鲁南时报》创办之初，外部环境非常恶劣，办报条件非常艰苦。最初报社仅有四五名工作人员，连油印机也是借用《大众日报》第三工作组的。报纸的主要内容是报道新华社播发的国际国内新闻以及地方新闻，所需电文由一一五师和鲁南军区电台代收，地方新闻由报社人员自己采访。由于条件所限，报纸只能出 8 开 4 版的油印报，大约每周一期，每期仅发行百十份。1941 年春，因为日军频繁“扫荡”，加上当时鲁南根据地经济条件窘迫，《鲁南时报》暂时停刊。

1941 年 10 月，省委宣传部长李竹如到鲁南区指导工作，对如何开展《鲁南时报》副刊工作进行了研究，并把随同带来的电台和十余名工作人员留给鲁南时报社，使报社具备了独立收发电报的条件。1941 年 11 月，《鲁南时报》在抱犊崮复刊，原新群众报社社长赵宏弼任社长，工作人员以原《新群众报》的人员为主。复刊后，报纸版面改为 4 开 2 版，油印，2—3 天一期，内容仍以新华社电讯稿为主，地方新闻为辅。1942 年 7 月，在报社领导人的努力下，从邹东二地委购进一台残缺不全的石印机，报纸由油印改为石印，印数增加到 1100 多份。由于石印机时常发生故障，有时还不得不再改为油印。

1943 年秋，新华社山东分社鲁南支社成立，其任务是向新华社发稿，向《鲁南时报》编辑室供稿，鲁南时报社社长赵宏弼兼任鲁南支社社长。鲁南时报社和鲁南支社实际上是一个机构，两个牌子，统归编委会领导。编委会成员有赵宏弼、燕遇明、刘亦夫等。1946 年 3 月，鲁南支社改为鲁南分社。

1943 年 11 月，时任新四军军长的陈毅由华中赴延安时，途经鲁南，看到《鲁南时报》仍用石印，于是便写信给张云逸、张鼎丞，请他们从苏北运来一台铅印机。1945 年 5 月（一种说法是 6 月），鲁南军区政委傅秋涛又从枣庄弄来一台铅印机，于是成立了《鲁南时报》第一印刷厂，原来的石印厂成为第二印刷厂。1945 年 8 月 3 日，《鲁南时报》由石印正式改为铅印，4 开 4 版，三日刊，每期由原来的 1.5 万字增加到 2.5 万字，报纸印量也猛增到 7000 余份。

1945 年 8 月到 1947 年春，是《鲁南时报》发展的极盛时期，报社人员增加到 269 人。1947 年春，国民党军队对山东解放区发动重点进攻，为适应战争需要，《鲁南时报》再次停刊。1947 年 12 月，再次复刊，改为 2 版的二日刊，先是油印，后来又改成石印，每期发行 500 余份。当时人民解放战争已进入到全面大反攻的前夜，报纸为此专门设置了“全国大反攻”栏目，以说书的形式对解放战争的形势进行报道。1948 年 2 月 15 日，《鲁南时报》宣布停刊，前后共出版 702 期。

4.《滨海农村》《滨海画报》

1943 年冬，滨海区党委创办了《滨海农村》小册子。小册子是 32 开合订本，最初是油印，后来改成了石印，不定期出版，到 1945 年 4 月，共出版 26 期，在滨海区产生了广泛影响。为了迎接新的抗战任务，及时向广大军民传播胜利信息，进一步动员军民积极抗战，滨海区党委决定将《滨海农村》小册子改为报纸，作为区党委机关报。

1945 年 6 月 1 日，《滨海农村》（图 8）在莒南县正式创刊，滨海军区政治部主任赖可可兼任社长，辛纯任总编辑，报社内设编辑室、通联科和秘书处，山东新华书店负责印行。《滨海农村》创刊的同时，新华社滨海分社也宣布成立。滨海农村社和新华社滨海分社是一个机构，两块牌子。

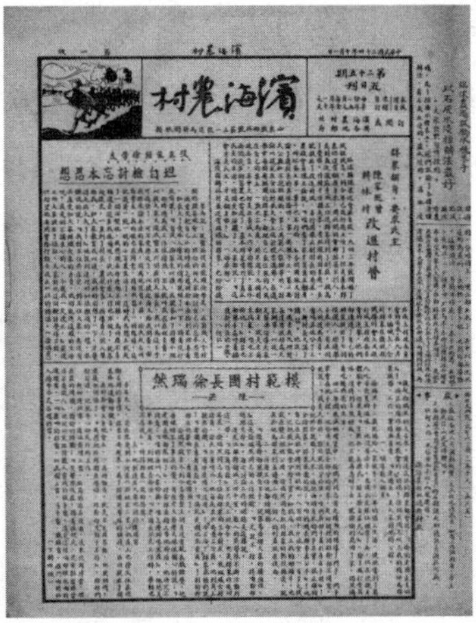
濱海農村

第二十五期 五日刊

坦白檢討忘本思想

模範村團長徐瑞然

图 8：《滨海农村》

《滨海农村》创刊时，8 开 2 版，单面印刷，石印，三日刊。抗日战争胜利后，滨海区党委为了扩大报纸对群众的宣传教育作用，及时调整了宣传策略，增强了滨海农村社的采编和印刷力量，采购了铅印机，建立了铅印厂。在滨海区党委的领导下，在大众日报社的支援下，1946 年 1 月 1 日，《滨海农村》改为 4 开 4 版，铅印，二日刊，每期发行量达到

6000—7000 份。改版后，一版为国内要闻；二版、三版为地方新闻、通讯报道、副刊；四版为时事。

《滨海农村》的读者对象是广大农村干部和一些识字的群众，因此，报纸始终保持着通俗化、大众化的特点，文章要求短小精悍、生动活泼，多使用当时群众熟悉的“庄户话”。编辑人员为了让读者更容易读懂、听懂，有时候甚至改写新华社的稿件，将一些新闻通讯改成小故事或者其他深受群众喜欢的形式。如编辑们曾将新华社有关国统区人民反内战、反饥饿、反迫害的稿件，改写成大鼓说唱的形式，以《官逼民反》为总标题，连续在报纸上进行刊登。《滨海农村》深入贴近群众，通俗易懂，得到了人民群众的普遍认可与欢迎，与《鲁中大众》《群力报》《渤海大众》并称为“山东解放区四大通俗报纸”。

《滨海农村》坚持“全党办报”“大家办报”的方针，积极开展工农通讯运动，依靠各级党委在县、区、村建立层层递进的通讯系统，连成消息网，同时，在报纸上开辟了专门报道工农通讯工作的专栏或专刊，不仅刊登通讯员的稿件，还介绍模范通讯员的先进事迹以及通讯工作中的先进经验，将工农通讯运动与农民的文化翻身运动结合起来，通过抓典型、树榜样的形式，在当地农村中掀起了学文化的热潮。工农通讯员也成为报纸发行和组织读报的重要力量。

1946 年春，滨海区党委还创办了《滨海画报》（图 9），陈叔亮任社长，任迁乔任主编，滨海军区宣传部长赖可可为其撰写发刊词。

《滨海画报》是报纸型，8 开 2 版，单面

图 9：《滨海画报》

三色套印，色彩鲜亮，不定期出版，滨海农村社石印厂印刷，山东新华书店免费散发。《滨海画报》的内容以画作为主，有时也刊登诗歌，主要是通过画作来揭露国民党反动派假和平真内战的面目。报社在滨海区内组织了128名通讯员，有效地解决了画稿短缺的问题。

1948年1月22日，为了节约人力物力，减轻政府财政压力，《滨海农村》在第331期上刊登了《为〈滨海农村〉〈滨海画报〉停告全体读者通讯同志》，宣告《滨海农村》《滨海画报》停刊，滨海农村社、滨海画报社随之撤销，滨海农村社印刷厂的大部分人员随军南下。

5.《鲁中南报》

1948年7月17日，为加强对大鲁南地区的领导，适应大规模战争支援前线工作的需要，华东局决定，将鲁中、鲁南两个区党委合并，成立鲁中南区党委。同时，将华东局直属的滨海地委及冀鲁豫边区第一地委（泰西地委）划归鲁中南区领导。鲁中南区成为山东解放区面积最大的一个战略区。鲁中南区党委成立后，决定将鲁中、鲁南、滨海三区的区委机关报《鲁中大众》《鲁南时报》《滨海农村》合并，集中创办鲁中南区党委机关报《鲁中南报》（图10）。

魯中南報
第一號
濟南戰役總動員令
華野大軍進攻濟南
東路直逼城下·西路攻入商埠
吳化文帶領兩個旅起義

图10：《鲁中南报》

1948年9月26日，《鲁中南报》在沂水县古城村创刊。鲁中南报社由《鲁中大众》《鲁南时报》《滨海农村》以及《群众报》（沂水抗联群众报社出版）的部分工作人员联合组建而成，鲁中南区宣传部副部长于寄愚任社长兼总编辑，后由宫达非、刘健继任。《鲁中南报》创刊时，一并成立了新华社鲁中南分社，由宫达非任社长，两个部门一起办公，属于一个机构，两个牌子。1948年10月，报社迁到临沂附近的曲沂，1949年7月又迁到临沂城内，不久后又随鲁中南区党委迁到曲阜。

《鲁中南报》十分强调报纸的党性以及“党的喉舌”的重要作用，把

"一切为了前线"作为宣传的中心任务，以报道支前和前线故事为主要内容，同时重视宣传生产救灾、土地改革以及新收复区的各项政策。鲁中南区刚成立时，瘟疫流行，自然灾害严重，区党委提出了"不荒一亩地，不饿死一个人"的号召。报纸将这一号召做成木刻的特号大字，放在一版通栏里，群众读报时，一眼便能看到，大大提高了生产自救的信心。

《鲁中南报》继承和发扬了《鲁中大众》《鲁南时报》《滨海农村》大众化、通俗化的优良传统，牢记"报纸为什么人（服务）"的原则，高度重视群众工作，将工作重心放在农村，主要吸引工农读者，在采访编辑工作中，力求做到通俗易懂。土地改革之前的农村，除了小学教师以外，有文化的人很少，文盲率超过百分之八十以上。土地改革以后，农民在政治上、经济上翻了身，都希望能读书识字，了解天下大事，实现文化上的翻身。为了满足人民群众的文化需求，适应工农读者的阅读水平，报社记者、编辑在编写稿件时，都特别注意通俗化、口语化。比如，有一篇报道中有"群众不禁潸然泪下"的句子，编辑们经过反复思考后，改成了"大家伙都难过得流泪了"。

《鲁中南报》广泛开展工农通讯运动，拥有工农通讯员5000余名。《鲁中大众》《鲁南时报》《滨海农村》都有着良好的工农通讯工作基础，仅《鲁中大众》就有工农通讯员2000余人，3个报社加起来共有工农通讯员近5000人。《鲁中南报》继承了3个报社的办报基础，并进一步发展了工农通讯员，推广读报小组，指导建立黑板报，开展工农通讯读报运动，在解放区人民心中树立了很高的威信，群众参与通讯工作的热情高涨。报纸还提出了"工农写，写工农"的口号，专门开辟了"工农习作"专栏，发表工农通讯员的文章。这些文章语言生动，通俗易懂，深受广大工人、农民读者的喜爱。他们亲切地称赞《鲁中南报》是"庄户人的庄户报"。

《鲁中南报》创刊时为4开4版，铅印，三日刊。1950年1月16日，改为二日刊。1950年4月，山东分局决定撤销胶东、渤海、鲁中南三个区党委和行政公署。1950年4月20日，《鲁中南报》在第216期上刊登了

《停刊启事》和《为本报停刊告读者》，宣布停刊。

三、各地市区县党委创办的报刊

各地市区县党委创办的报刊，有山东第一区党委四地委创办的《新群众报》，山东第一区党委五地委创办的《滨海时报》，鲁中二地委创办的《反“扫荡”报》《沂蒙导报》，莒南县委创办的《莒南小报》，临沂县委创办的《临沂通讯》，博山县委创办的《每日新闻》《众力周报》《动力周刊》《每月新闻》，莱芜县委创办的《抗战青年》《前进报》《工作快报》，郯城县委创办的《郯城通讯》，蒙山县委创办的《蒙山导报》，蒙阴县委创办的《人民报》，泰山地委创办的《泰山时报》《群众月刊》，滨南二地委创办的《滨南通讯》等。由于这些报刊发行量较小，目前存世数量非常少，因此研究材料相对不足，故略做简要介绍。

1.《新群众报》

《新群众报》是山东第一区党委第四地委（鲁南地委）机关报，1940 年 4 月在邳县冯家村创刊。

山东第一区党委，1939 年 7 月成立于沂南县青驼寺，领导鲁中、鲁南、鲁东南（滨海）3 个地区，此后两个月内，下辖的 5 个特委，分别改建为第一地委（泰山地委）、第二地委（沂鲁地委，又称淄博地委）、第三地委（尼山地委）、第四地委（鲁南地委）、第五地委（鲁东南地委）。1940 年春，为了指导地方工作，报道抗战讯息，山东第一区党委第四地委决定创办一份具有地方特色的报纸。1940 年 4 月，《新群众报》创刊，四地委宣传部长周南兼任社长，王士超任总编辑。

1940 年 4 月 13 日，山东分局决定撤销山东第一区党委，分别建立鲁中、鲁南两个区党委，第一、二、五地委划归鲁中区党委，第三、四地委划归鲁南区党委。6 月上旬，鲁南区党委正式成立，下辖一、三两个地委，《新群众报》成为鲁南区党委三地委机关报。

《新群众报》创刊时，条件极为艰苦，只有一台收音机和一台油印机，报纸为4开2版，油印，不定期出版。后来，报社从郯城马头镇弄来一台石印机，报纸于是改为石印，版面扩大为4开4版，出版周期也固定为三日刊。报社因战争原因曾多次转移，自冯家村创刊后，又先后驻扎在涌泉（今属兰陵县）、耿墩等地。

《新群众报》主要刊登的是新华社播发的国内外新闻、上级的指示精神、地方新闻及工作动态等，对于各地发生的重大事件，也能够及时发声评论。

《新群众报》的发行，最初由地委宣传部发行科负责，1940年秋改由邮局发行。随着印刷技术的改进，发行渠道的成熟，报纸的发行量由400份逐渐增加到1000余份。

1940年10月，日军对临、郯、邳地区进行“扫荡”，社长兼总编辑赵宏弼率领报社十几名职工突围后，投奔鲁南区党委，而鲁南区党委又恰好遭遇国民党五十一军六八三团突袭，造成了“银厂惨案”，赵宏弼头部受伤，《新群众报》被迫停刊。1941年11月，《鲁南时报》在抱犊崮复刊，新群众报社的社员并入鲁南时报社，赵宏弼出任鲁南时报社社长。

2.《滨海时报》

1940年10月，鲁东南地委划归鲁中区党委领导，并创办了《滨海时报》，作为鲁东南地委机关报。鲁东南地委宣传部长李均任社长，李力众任总编辑。

《滨海时报》8开2版，油印，三日刊，每期发行400份，主要承担党报职能，及时传递最新政策方针，传播最新理论观点，充分发挥正确舆论引导和促进群众思想解放的作用，1942年1月停刊。

3.《反“扫荡”报》

《反“扫荡”报》是鲁中区二地委（沂蒙地委）机关报，1941年12月初在沂南县罗圈崖附近的孙家疙瘩村创刊。

1941年11月，日伪军5万余人对沂蒙山区进行大“扫荡”。为了使抗战军民认清形势，增强必胜信心，及时传播胜利消息，表彰英雄模范事迹，沂蒙地委决定创办《反“扫荡”报》，并请大众日报社的吴建和沂蒙地委宣传干部陈岱共同筹办。由于敌人的严密封锁，纸张、油墨、蜡纸等制版印刷材料极度匮乏，《反“扫荡”报》只能印成 8 开 1 版的单面油印小报，每期最多只能印几百份，并根据战争情况出三日刊、二日刊或日刊。每期印好后，报纸会被卷成一卷，由采访或筹备给养的工作人员分发下去。报纸出版几期后，吴建、陈岱各自调回原来单位，报社由姜丕之负责，继续出报。

反“扫荡”胜利后，《反“扫荡”报》完成使命，1942 年 2 月易名为《沂蒙导报》。

4.《沂蒙导报》

1942 年 2 月 20 日，《沂蒙导报》作为沂蒙地委机关报，在沂南县马牧池乡东波池村创刊，山东战邮局负责发行。《沂蒙导报》由边联县委书记王介福协助领导，徐仲林任社长，姜丕之任副总编，主持日常工作。该报的主要任务是向各级干部和人民群众宣传党的路线、方针、政策，进行党的传统教育、文化知识教育、国际国内形势教育，同时，与根据地干部交流先进经验，表彰英雄模范人物。由于报社没有专用电台，报纸的时事报道主要采用《大众日报》相关内容加以综述或通俗化改编而成。

《沂蒙导报》初为 5 开 4 版，石印，五日刊，沂蒙地委建成印刷厂后，改为 4 开 4 版，铅印，三日刊。一版为社论及地方新闻；二版、三版一般为综合性论述文章，宣传教育提纲、讲话、报告、资料等；四版为副刊。

1943 年 4 月，鲁中区党委决定撤销《沂蒙导报》，在其基础上创办《鲁中日报》，作为区党委机关报，沂蒙导报社全部人员调去鲁中日报社工作。

5.《莒南小报》

《莒南小报》是莒南县委主办的内部小报，1944 年 9 月 29 日创刊，主要内容是刊登莒南县委指示、通知，介绍典型经验，进行通报、表扬、批评等，对推动抗日宣传和大生产运动起了很大作用。

《莒南小报》8 开 1 版，油印，不定期出版，每期印量 200 份，发放范围是县、区党员领导干部，不对外发行。1945 年 6 月 26 日，《莒南小报》停刊，共计出版 58 期。

6.《临沂通讯》

《临沂通讯》是临沂县委进驻临沂县城后创办的内部小报，1945 年 10 月创刊，8 开 4 版，油印，周刊，临沂县委宣传部长张华任总编辑。报纸的主要内容，一是传达上级和县委指示及工作计划，二是推广先进经验和交流工作情况。

1947 年 2 月，国民党对沂蒙革命根据地发动重点进攻，攻占临沂城，临沂县委转移到城郊坚持斗争。1947 年 3 月中旬，总编辑张华牺牲，《临沂通讯》停刊，共计出版 60 多期。

7.《每日新闻》《众力周报》《动力周刊》

《每日新闻》，又名《每日消息》，是博山县委创办的油印小报，1938 年 7 月创刊，办报人樊国栋、蒋仲鸣，报社驻扎在莱芜常庄，主要从国民党电台中收录一些消息，然后编印分发各地。

《每日新闻》为 8 开油印小报，不定期出版。由于形势复杂，1938 年 8 月停刊。

《众力周报》也是博山县委创办的油印小报，周刊，1940 年 11 月在博山瓦泉村创刊。该报由博山县委宣传部宣传干事任国昕负责，1941 年停刊。

博山县委还曾创办过《动力周刊》，1940 年创刊，1942 年停刊，刊期未知。

8.《抗战青年》《前进报》《工作快报》

《抗战青年》由莱芜县委主办，1938 年春创刊，1940 年底改为《群众月刊》，面向社会各界发行，停刊时间不详。

《前进报》是莱芜县委机关报，1941 年 2 月 7 日创刊，负责人李力修。该报 4 开 4 版，有时油印，有时石印，三日刊，1942 年 3 月停刊。

莱芜县委在 1945 年还创办过《工作快报》，不定期出版，1946 年 3 月停刊。

9.《郯城通讯》

《郯城通讯》是郯城县委创办的内部油印小报，1945 年 5 月在码头镇北刘巷口村创刊，16 开 2 版，有时为 2 张，共 4 版，不定期出版，有时每月 2 期，有时每月 3—4 期，通常每期 200 余份，有时 400 余份，由县委武装通信班送发到各区县。该报由郯城县委宣传部长陈岩生任总编，宣传通讯干事杨廷谷任编辑，陈怀斌任文书，负责刻印工作。报纸内容主要是刊载中共中央、上级党委和县委的指示，全国和本地抗日战争形势、胜利消息以及各区发动组织群众开展各项工作的经验。

1948 年 11 月，郯城解放，《大众日报》可以及时送到郯城的干部群众手里，《郯城通讯》停刊。

10.《人民报》

1940 年，为了加强对敌伪顽斗争工作的宣传，指导根据地建设，蒙阴县委书记李成仕提议，创办蒙阴地方报纸，定名为《人民报》。

《人民报》是蒙阴县委机关报，1940 年 9 月 18 日在蒙阴县陈家坡村创刊，8 开，油印，五日刊，每期发行 200—300 份。姜丕之、赵健任编辑，崔曼负责版面设计和刻版印刷。

1941 年春，因日军“扫荡”，蒙阴县委班子调整，李成仕调往鲁中区党委，姜丕之、赵健也因工作需要调离，《人民报》停刊。

11.《泰山时报》《群众月刊》

1939 年 1 月，泰山特委成立，夏辅仁任书记。泰山特委下辖泰安、莱芜、新泰、曲（阜）泗（水）宁（阳）等县，特委机关在莱芜汶河以南圣井一带和东北部山区活动。1939 年 9 月，泰山特委改为泰山地委，管理泰安、莱芜、历城、章丘、淄川、博山、新泰 7 县工作。

泰山地委距离《大众日报》的出版地较远，加上敌人封锁，交通困难，所以当地群众很难看到《大众日报》。为此，泰山地委决定创办《泰山时报》，作为地委机关报。

1939年10月10日，《泰山时报》在莱芜创刊，4开4版，石印，三日刊。起初每期600—700份，后来每期发行1000份左右。报社编辑部直接受泰山地委宣传部领导，随地委行动，报纸稿件、电讯稿等由地委宣传部宣传科长李凯军审阅，1942年底以后，才改由报社编辑部负责人定稿。不过，社论等重要稿件，仍由地委宣传部负责人审阅，个别政策性强或是特别重要的稿件，甚至由地委书记亲自起草。报社编辑部由主任负责，最初的负责人是李力众，1940年10月改为陆干，1941年夏改为宫达非。编辑部主任负责领导电台和印刷厂，并直接领导编辑、记者和缮写组。报社共有十几个人，编辑、采访、发行、印刷一体，方便战时转移。

《泰山时报》设有两个印刷厂，一个在莱芜西北部山区的房干村（还曾经驻过大酉坡村），一个在莱芜东常庄镇古德范村附近的栾家庄子。报社根据战争需要，轮流在两个印刷厂印刷，从而保证了报纸的顺利出版。

《泰山时报》遵循"为抗日斗争、为抗日人民服务"的原则，宣传党的路线方针政策，及时报道国内外大事和本地区新闻。报纸共有四个版面：一版是要闻、社论；二版是本地新闻；三版是电讯版，主要刊载国际国内要闻；四版是专栏、文艺、专论。

《泰山时报》非常注重编辑工作的群众化，内容活泼，印刷精美，深受当地群众的喜爱，在1941年6月省宣传联席会议上，还得到了山东分局宣传部长李竹如的表扬。1943年起，报纸设置了"工农园地"专栏，专门发表工农通讯员的作品。

1944年11月，山东抗日根据地形势日益好转，《大众日报》能够在短时间内发行到泰山区，鲁中区党委机关报《鲁中日报》也已创刊，《泰山时报》完成了它的历史使命，宣布停刊。

1940年10月，泰山地委还创办过《群众月刊》，徐干晨任主编，停刊时间不详。

12.《滨南通讯》

《滨南通讯》是滨南二地委创办的干部学习刊物，油印，不定期出版。

内容主要是为解放区干部提供业务学习资料，组织经验交流，提高工作水平，执行党的政策，积极开展各项工作，搞好大生产和减租减息工作。《滨南通讯》的创刊和停刊时间不详，1946 年 7 月曾出版过第 112 期。

第三节　沂蒙革命根据地各级民主政权的报刊出版

一、山东省人民政府创办的报刊

山东省人民政府在 1940—1949 年间，曾多次易名。1940 年 7 月 26 日至 8 月 26 日，山东省各界救国联合大会在沂南县青驼寺召开。1940 年 8 月 1 日，山东省临时参议会成立，选举产生了全省统一的行政权力机关——山东省战时工作推行委员会。1943 年 9 月 10 日，山东省战时工作推行委员会改称“山东省战时行政委员会”。1945 年 8 月 12 日，山东省临时参议会与山东省战时行政委员会召开第二十次联席会议，将山东省战时行政委员会改为“山东省政府”，将山东省临时参议会改为“山东省参议会”。1945 年 8 月 13 日，山东省政府发布了《关于改“山东省战时行政委员会”为“山东省政府”的布告》，宣布山东省政府成立，黎玉为山东省政府主席。1949 年 3 月 30 日，山东省政府委员会、山东省参议会驻会委员会召开联席会议，决定将山东省政府改为“山东省人民政府”。

山东省人民政府及所属机关创办的省级报刊，有山东省战时工作推行委员会创办的《教师之友》《山东民主导报》，山东省人民政府创办的《山东政报》，山东战时邮政总局创办的《山东战邮》（报纸）、《山东战邮》月刊，山东省交通总局创办的《山东交通》《邮政周报》，山东省教育厅创办的《山东教育》，山东卫生总局创办的《山东卫生》，山东工商总局创办的《经济参考资料》，山东省粮食总局创办的《粮政通讯》，山东省荣军管理局创办的《山东荣军》《山东荣军增刊》，等等。此外，华东局、山东省政府和山东军区联合成立了山东省支援前线委员会（简称“山东省支前委员会”），曾创办过《支前导报》《支前画报》等刊物。

1.《教师之友》

1941 年 11 月 1 日，由山东省战时工作推行委员会（简称“战工会”）主办的《教师之友》（图 11）创刊。1942 年 2 月，战工会教育处编审科成立，李向群任科长，负责编辑《教师之友》及小学课本、冬学教材等。

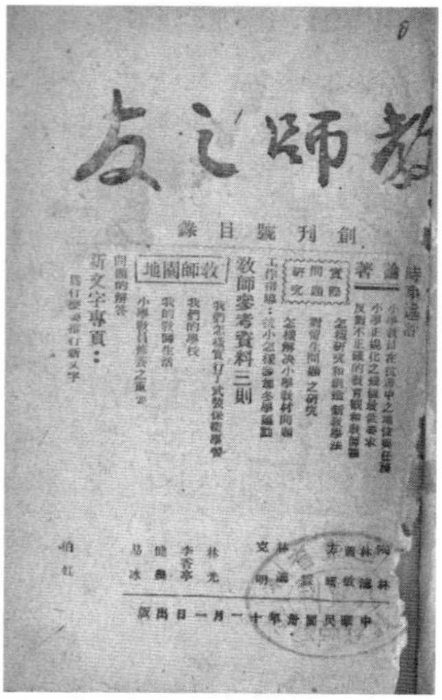

图 11：《教师之友》

《教师之友》是专供小学教师阅读的教育刊物，由李向群主持编辑工作，闫吾负责编辑，洪林、孙衷文协助看稿、改稿，并撰写文章。该刊物对山东抗日根据地的教育改革进行了报道，对提高小学教师的政治水平和业务水平，发挥了一定的作用。

1943 年春节，编审科并入山东省文协，《教师之友》停刊。省文协在其创办的《山东文化》上，专门设立了“教师生活”栏目。1944 年 4 月 1 日，《教师之友》复刊，到 1945 年 9 月，又再次停刊。1947 年 6 月，山东省政府教育厅又决定复刊《教师之友》，作为省教育厅的机关刊物，月刊，发行对象是小学教员和区级教育行政干部，停刊时间不详。

2.《山东教育》

1945 年 12 月 1 日，为贯彻新教育方针，推进教育改革，建设新民主主义教育，山东省政府作出了《关于出版〈山东教育〉的决定》，指出由省教育厅负责创办，各行政公署（专署）教育处长、科长等为撰稿人，县以上教育行政部门其他干部及区文教助理员为通讯员，为刊物供稿。编辑《山东教育》应遵循三个方针：一是以县单位的教育工作为主要内容，集中力量研究群众教育、群众教师及区村干部在学习教育中的实际问题，介绍具体经验，反对教条空谈；二是文字简洁明了，深入浅出，应以文化程度较低的教师能看懂为标准；三是应多方发动组织实际工作的同志和教师写稿，使该刊成为全省教育工作者讨论问题、交换经验的园地。

1945 年 12 月 15 日，《山东教育》（图 12）在临沂正式创刊，山东省教育厅主办，山东教育社负责编辑，山东新华书店出版，32 开，铅印，月刊，第一任主编为宿士平。《山东教育》是中国共产党创办的第一本省级教育刊物。它的创办，充分体现了党对山东解放区教育事业发展的重视，对当时山东乃至全国各地教育事业的发展具有重要意义。

图 12：《山东教育》

《山东教育》是面向中小学教育的综合性刊物，是教师学习的主要材料，设“专论”“短评”“动态”“典型报道”“经验介绍”“教学参考”等栏目。印刷经费由山东省政府拨付，免费发放，发行量最高时达数十万份。鲁中、鲁南、滨海三区为直接发行区，除各级政府教育部门外，每个联防区平均发行 1—3 本；胶东、渤海两区发放到县。县以上各级政府可翻印或选印分发给各地教师。《山东教育》第 1 卷共出版 10 期，第 2 卷共出版 4 期，1947 年 4 月停刊。随后，原山东教育社与胶东新教育社合并。

1949 年 5 月，山东省人民政府发出《关于〈山东教育〉复刊的通知》，决定复刊《山东教育》，“作为贯彻政策，研究业务，交流经验，指导工作的重要武器”。该通知还指出，复刊后的《山东教育》，应遵循三个具体方针：“1. 刊物是综合性的，但现阶段的重点应放在城市中等教育的改造，职工教育的开展和农村小学的恢复与整理等实际问题上，介绍具体经验，反对教条空谈。2. 内容及文字要求活泼、生动、多样化与多面化。每期根据实际需要，应有一个或两个中心，发挥每篇文字的组织效能。至于中心之确定，则力求领导上的意图与群众的实际需要相结合。3.应多方发动组织作实际工作的同志和教师写稿，使这个刊物成为全省教育工作者讨论问题，交流经验的园地。”①

1949年5月10日，《山东教育》在济南正式复刊，期数另起，由山东新华书店负责印刷发行，仍为铅印，月刊。1952年1月，《山东教育》更名为《山东文教》，内容仍以教育为主，由月刊改为半月刊，每月10日、25日出版，出至1952年9月时，再次停刊。1957年8月，《山东教育》二次复刊并恢复原名，1966年8月再度停刊。1975年1月，《山东教育》第三次复刊，并延续出版至今。

3.《山东民主导报》《民主导报》

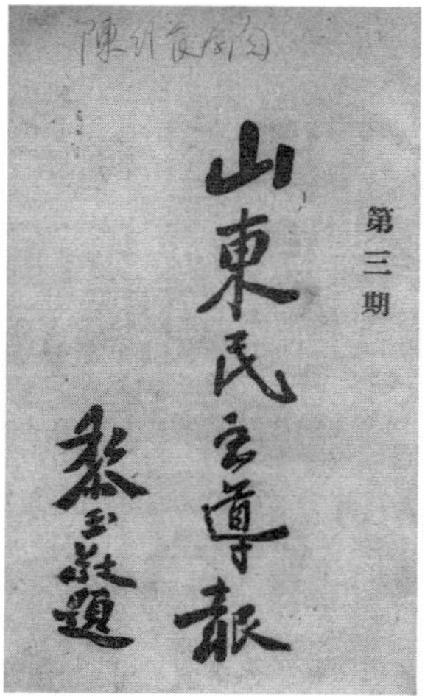

图13：《山东民主导报》

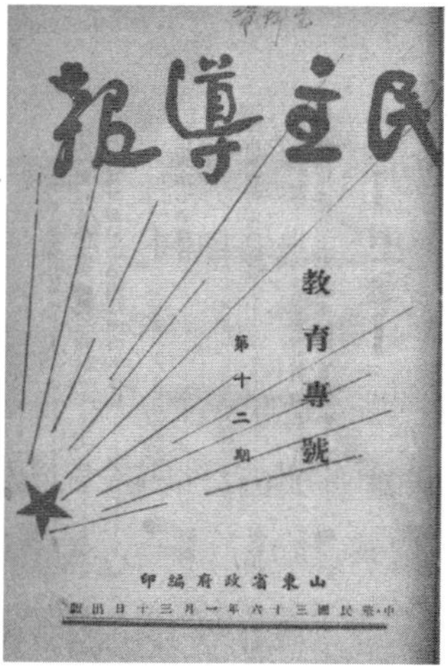

图14：《民主导报》

《山东民主导报》（图13），是山东省战时工作推行委员会的机关刊物，1942年3月在沂南县创刊，由大众日报社负责印刷。山东省战时工作推行委员会主任黎玉亲自题写刊名，并撰写了名为《〈山东民主导报〉与坚持山东民主斗争的基本方向》的发刊词，提出要“坚持民主斗争，贯彻民主政策，建设民主实际，发扬民主理论”。

《山东民主导报》32开，铅印，不定期出版。1945年，自第7期起，改名为《民主导报》（图14）。自第8期起，改为山东省政府主编。1947年7月，《支前导报》并入《民主导报》，作为《民主导报》战时版，《民主导

① 山东省出版总社出版志编辑室：《山东出版志资料》（第8辑），内部资料，1989年10月，第174页。

报》停刊。

4.《山东战邮》《山东战邮“二七”劳模大会特刊》

1942年2月7日，山东战时邮政总局（简称“战邮总局”）在沂南县马牧池乡双泉峪子村成立，赵志刚任局长。战邮总局主要承担传递党内文件、信件、报刊，沟通各革命根据地之间及山东与中央之间的联系，保障军事通信等职责。1942年4月1日，山东战邮总局秘书科在莒南县洙边镇创办了《山东战邮》，作为战邮总局的机关刊物。

《山东战邮》创刊时，油印，32开，半月刊，每期印200份左右，后改为16开，月刊，赵志刚兼任社长，有工作人员2名。该刊是山东战邮系统内部读物，主要供战邮干部和工作人员阅读。1945年9月，战邮总局迁往临沂，《山东战邮》先改为石印，后又改为铅印。

《山东战邮》经常以大量篇幅广泛宣传战邮战士的英雄事迹和战邮经验，对鼓舞战邮人员士气、推动战邮工作起了很大作用。

1946年2月7日，山东省政府以山东战邮总局为基础，成立山东省交通总局，战邮总局改组为山东省邮政管理局，各战邮分局改为邮政办事处，党内交通及党报发行工作与邮局正式分开，赵志刚任山东省交通总局局长兼山东省邮政管理局局长。同时，决定将《山东战邮》易名为《山东交通》，归山东省交通总局负责编辑出版。

1946年5月14日，《山东交通》又改名为《邮政周报》，4开2版或4开4版，先为石印，7月下旬又改为铅印，周刊，发行量2000份左右。

1946年9月，山东省交通总局撤销，《邮政周报》自10月28日起以“山东邮政周报社”的名义继续出版。

1948年2月29日，《邮政周报》暂时停刊。据统计，《山东战邮》《山东交通》《邮政周报》在沂蒙革命根据地共计出版了78期。

此外，1945年2月7日，山东战邮总局在成立三周年纪念日之际，召开了全省战邮劳模大会，选出葛春亭、庞耀2位战邮英雄，以及单汝栋、郑地金、栾有登等32名战邮模范，并于1945年5月出版了《山东战邮

图 15：《山东战邮“二七”劳模大会特刊》

“二七”劳模大会特刊》（图 15）。该特刊 16 开，铅印，24 页。封面为《革命火车头》版画，用艺术字在右下角标注“劳动英雄与模范是工作的推进机，革命的火车头！”封底为《一条山路》连环画，用 4 幅图表现了战邮模范栾有登修山路的故事。正文第 1 页上方刊登了郝世保拍摄的《山东战邮英雄像》，是葛春亭和庞耀两位战邮英雄的合影。随后是《山东战邮英雄葛春亭同志》《山东战邮英雄庞耀同志》两篇文章。从第 4 页起，分为上下两栏，上栏为《山东战邮模范榜》，简略介绍了战邮模范的事迹，下栏则是用大量篇幅详细介绍了单汝栋、郑金地、栾有登、彭有交、祝东贵、李国松、小陈等模范人物的先进事迹。从 15 页起，恢复正常排版，主要是刊登赵志刚的《山东战邮劳模大会总结》、旦复整理的《业务座谈》、于渤的《大会的头一天》、毅民的《闭幕典礼》、宁世的《大会过程》等会议材料。

5.《邮电周报》《邮政周报》（1949）

1948 年 7 月，山东省邮政管理局改为华东财办邮电管理总局，各战略区成立邮电管理分局，开始接管原国民党邮电机构。1948 年 8 月 18 日，华东财办邮电管理总局机关报《邮电周报》创刊。该报为内部刊物，4 开 2 版，铅印，周刊，主要刊登邮电总局的工作指示、各地的工作经验、业务研究、通讯报道等，由大众日报社承印。1949 年 7 月 27 日，《邮电周报》出版至第 51 期后停刊，由《邮政周报》继承。

1949 年 8 月 1 日，山东实行邮政与电信分管，成立山东省邮政管理局和山东省电信管理局，《邮电周报》改为《邮政周报》，刊期仍延续《邮电周报》期数，从 52 期开始。

《邮政周报》为内部刊物，由山东省邮政管理局邮政周报社编印，4 开 2 版，铅印，周刊。

1949 年 9 月 28 日，山东省邮政管理局在《邮政周报》第 60 期第一版上刊登了《关于〈邮政周报〉停刊通知》，宣布停刊：“《华东邮政》也已出版，内容丰富，适合各局所邮政员工要求。兹为节省开支并免重复起见，决定山东《邮政周报》从本期起停刊。”

6.《山东卫生》

1946 年 1 月 1 日，由山东卫生总局卫生丛刊编辑室主编的《山东卫生》在临沂创刊。该刊物属于“卫生丛刊”之一，由山东新华工厂印刷，临沂卫生合作社书报部发行，16 开，铅印，月刊。

《山东卫生》的办刊宗旨是“提倡大众健康，灌输卫生常识”，主要内容包括医学理论、自然科学常识、社会卫生工作总结、治疗工作经验、临床病例、大众卫生知识等。

《山东卫生》共出版 3 期，大约在 1946 年 3 月停刊。

7.《经济参考资料》

1946 年 3 月，山东省工商总局统调科编印的《经济参考资料》在临沂创刊，油印，32 开，月刊。该刊为山东省工商总局内部经济刊物，旨在适应山东解放区日渐好转的经济形势，提高经济人员的素质，内容多为经济、金融、外贸等方面的参考资料，大部分文章摘译自海外报刊和国内各大报刊。

1946 年 8 月，《经济参考资料》出版至第 6 期停刊。

8.《粮政通讯》

1948 年 4 月，由山东省粮食总局粮政通讯社编的《粮政通讯》创刊。该刊 16 开，铅印，半月刊，自第 25 期开始改为月刊，并根据情况不定期出增刊。《粮政通讯增刊》第 1 期出版时间为 1949 年 6 月 15 日，16 开，铅印。后来，增刊改为报纸型。

《粮政通讯》主要是指导全省征粮、储运、保管等粮食工作，内容包括工作总结、经验介绍、政策研究、理论专载、思想学习情况等。1950 年 6 月停刊，共出版 35 期。

9.《山东荣军》《山东荣军增刊》

山东省荣军管理局成立于 1949 年 4 月，归属山东省人民政府领导，孙子权任局长。山东省荣军管理局负责重伤荣军的接收教育和地方荣军工作领导，下辖 6 个荣军学校，1 个荣军疗养院、1 个荣军教养院，以及济南、徐州 2 个荣军办事处。为指导山东荣军工作，反映荣军情况，交流工作经验，山东省荣军管理局创办了《山东荣军》(图 16)。

山東榮軍
創刊號

图 16：《山东荣军》

《山东荣军》于 1949 年 5 月 20 日正式创刊，4 开 4 版或 4 开 2 版，铅印，第 1—7 期为周刊，自 1949 年 7 月 5 日第 8 期起，改为五日刊。为了加强对报纸的领导，有组织有计划地进行党报工作，报社成立了由洪天寿、吴德钟、郑宝海、温佩清、方庆 5 人组成的编辑委员会，洪天寿为主任委员，吴德钟为副主任委员。该报为内部刊物，指导地方县以上、荣军学校连以上荣军工作，在发行范围上，地方发到县，荣校发到班。此外，山东省荣军管理局还出版了《山东荣军增刊》，编印成册，发至各级。

1951 年 9 月 10 日，《山东荣军》停刊，共计出版 126 期。

10.《支前导报》

1946 年 9 月 2 日，为了更好地支援前线，华东局、山东省政府和山东军区联合成立了山东省支援前线委员会（简称“山东省支前委员会”）。

1947 年 3 月 2 日，山东省支前委员会发出了“为争取主动，努力支援前线”的指示，要求全省党政军民树立一切为了解放战争、一切为了前线的观念，把支前工作放在第一位。

1947 年 3 月 15 日，山东省支前委员会编印的《支前导报》（图 17）创刊。《支前导报》此前曾经

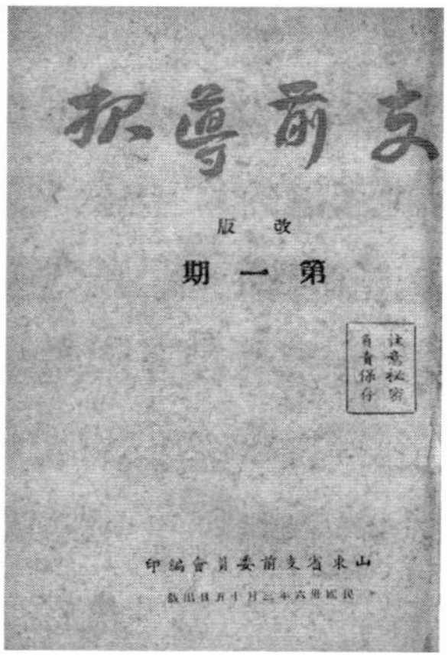
支前導報
改版
第一期
注意秘密
負責保存
山東省支前委員會編印

图 17：《支前导报》

出版过报纸型，三日刊，共出版过 4 期。为了加强支前工作的业务指导，研究支前工作中各种具体经验，经山东省支前委员会决定，改为书册型的刊物，期数另起，32 开，铅印，不定期出版。

《支前导报》的创刊目的是号召解放区人民全力支援前线，重视民夫工作，保证部队作战需要，以争取自卫战争的最后胜利。该刊大量刊载关于支前工作的通知和经验介绍，如《山东省支援前线委员会为全力支援前线并结合春耕生产与土改复查的启示》《为争取努力支援前线的启示》《必须重视与加强运粮工作》等文章。

1947 年 7 月 1 日，《支前导报》第 12 期刊载了《山东省政府关于〈支前导报〉并入〈民主导报〉作为〈民主导报〉战时版的决定》：“《支前导报》已出十一期，在支前工作的指导上收到很好的效果，特决定《支前导报》即由本府接办，作为《民主导报》战时版。具体办法如下：（一）为继续发扬《支前导报》的已有成绩，贯彻加强支前工作之指导，《支前导报》名称、编辑方针、版期及期次不变，继续出版。（二）为使政府各项工作更高度的统一步调，集中力量，为爱国自卫战争服务，之后《支前导报》应在紧密结合战争的原则下，组织发表指导各项政府工作的稿件。”

11.《支前画报》

1948 年 10 月，为加强领导华东地区的支前工作，全力支援即将进行的淮海战役，华东局设立了华东支前委员会。

1949 年 3 月 12 日，华东支前委员会政治部创办了《支前画报》（图 18），由华东新华书店印行。《支前画报》的第 1 期没有标注期数，封面标题下方是杨锡汉绘制的《人民支前》彩色版画，上题“人民战争，人民支援！”画面民兵所举红旗上，题有“支援解放军 解放全中国”字样。前言指出：“画的都是真人真事，所编入的

图 18：《支前画报》

快板、歌曲、小调大部是民工集体或个人的创作，从这里可以看出人民对目前人民革命战争的认识和所持的态度的真实反映。”

《支前画报》为套色石印不定期刊物，共出版4期，1949年5月停刊。画报用歌曲、剪影、连环图画等形式，反映了在淮海战役中，人民支援前线的模范事迹，歌颂了毛泽东人民战争的光辉思想。

二、各级民主政权创办的报刊

各级民主政权创办的报刊，有滨海区战时邮政管理局创办的《战邮通讯》《滨海邮讯》《滨海邮报》，鲁中区行政公署创办的《行政通报》，济南特别市政府秘书处创办的《行政导报》，等等。

1.《战邮通讯》《滨海邮讯》《滨海邮报》

《战邮通讯》是滨海区战时邮政管理局的机关报，1945年10月20日在莒南县创刊，8开4版，半月刊，先为油印，后改为石印，是滨海区战邮系统内部报纸，王绍英、张钦佩任编辑。

1946年，《战邮通讯》改为《滨海邮讯》，在区内各县局以上机构中普遍建立了中心通讯组。

1947年，《滨海邮讯》又改为《滨海邮报》，并于10月15日改为六日刊。

1948年1月2日，因行政区划调整、机构撤并，《滨海邮报》停刊，共出34期。

2.《行政通报》

1946年春，由鲁中区行政公署编印的《行政通报》在淄博创刊，32开，铅印，刊期和停刊时间不详，1946年5月曾出版过第3期。

3.《行政导报》

1949年4月10日，济南特别市政府秘书处创办的《行政导报》正式创刊，16开，铅印，月刊，1950年12月停刊。

第四节　沂蒙革命根据地驻军部队的报刊出版

八路军、新四军和山东军区及各军分区在沂蒙革命根据地也创办了不少报刊，一方面加强宣传教育，充分调动广大官兵的抗战热情，另一方面加强与地方群众的联系，密切军队与群众的鱼水关系。

一、八路军创办的报刊

1939 年 3 月下旬，八路军一一五师到达沂蒙山区，逐步开辟了以抱犊崮为中心的鲁南抗日根据地。一一五师随军带来了很多专业记者和编辑，有效弥补了鲁南区新闻宣传人才匮乏的不足。八路军在沂蒙革命根据地创办的报刊，有《战士》《时事通讯》《山东八路军军政杂志》《前卫报》《前卫通讯》《战士画刊》《文艺学习》《文化阵地》等。

1.《战士》

1939 年，八路军一一五师进入鲁南，在沂南县天水栈村创办了机关报《战士》，陈虞榕、白刃先后任主编。该报的前身是中国工农红军红一军团政治部机关报《战士》，报名由朱德总司令题写，一一五师入鲁后，一直沿用下来。

《战士》以部队指战员为读者对象，以反映部队生活、指导部队建设为主要任务，内容主要是报道部队生活、军队建设、军民关系以及如何组织部队参加根据地建设等。该报的主要特点是政治思想性强，贴近部队生活，内容丰富，生动活泼。一一五师政委罗荣桓、政治部主任萧华、参谋长陈士榘等曾多次在报纸上发表重要指导性文章。报纸还刊登了很多基层战士的作品，穿插着木刻版画、漫画、连环画，成为一份图文并茂的军报。

《战士》创刊初期，油印，不定期出版，1941 年 1 月改为铅印，4 开 4 版，并扩大印量，每期发行三四千份。1943 年初，为实现党政军一元化领导，八路军一一五师与山东军区合并组成新的八路军山东军区，《战士》在1943年8月8日出版至第593期后停刊。

1943年9月15日，《战士》改为期刊形式出版，刊期延续原来期数，从第594期开始出版，32开，铅印，月刊。山东军区司令员兼政委罗荣桓、副政委黎玉、政治部主任萧华、军区参谋处长李作鹏以及赖可可、梁必业、闫捷等7人，组成了委员会，萧华兼任社长。

1945年9月，《战士》随山东军区主力开赴东北，与东北民主联军整编后继续出版，1946年4月更名《自卫》报，9月又更名为《东北前线》报，成为东北野战军党委机关报。

2.《时事通讯》

八路军一一五师进入鲁南抱犊崮山区后，为了动员民众参加抗战，一一五师政治部于1939年9月创办了一份地方群众性报纸《时事通讯》，8开4版，油印，周刊，每期发行800—1000份。

《时事通讯》由一一五师政治部新闻股负责，陈虞榕任股长，白刃负责编辑和记者工作。该报的主要内容是延安新华社的电讯稿，发行对象主要是当地群众，此外，因统战原因，还发给驻扎在沂蒙山区的东北军。

1940年夏，《时事通讯》移交给鲁南区党委，鲁南区党委在其基础上创办了《鲁南时报》。

3.《山东八路军军政杂志》

为统一领导山东地区抗日武装力量，八路军总部决定，将一一五师师部、教导大队及第三四三旅、山东与苏北地区地方武装进行整编，组建了八路军第一纵队。1939年8月1日，八路军第一纵队在沂南县孙祖镇栗林村成立，徐向前任司令，朱瑞任政委，统一指挥山东、苏北的八路军部队。10月13日，八路军第一纵队与山东纵队正式合并。1941年1月，八路军第一纵队番号撤销。八路军第一纵队政治部创办的刊物有《泰山杂志》（1940年创刊，1941年停刊，具体信息不详）和《山东八路军军政杂志》。

为了指导山东八路军更好地开展各项工作，八路军第一纵队政治部于

1940 年 6 月 1 创办了《山东八路军军政杂志》。该刊物不定期出版，设有“战地通讯”“文艺通讯”“时事评论”“人物介绍”等栏目，主要刊登研究部队政治、军事建设以及军事斗争等方面的文章。1941 年 9 月 1 日，出版至第 5 期停刊。

4.《前卫报》《前卫通讯》

1938 年 12 月 27 日，根据中共中央决定，八路军山东纵队在沂水县王庄村成立，统一指挥山东各抗日起义部队。山东纵队的成立，标志着山东人民抗日起义武装已由若干分散的游击队成为在战略上统一指挥的游击兵团。根据山东分局书记、八路军第一纵队政委朱瑞提议，山东纵队决定由政治部负责创办《前卫报》，作为山东纵队军政委员会机关报。

1940 年 11 月 7 日，《前卫报》在沂南县孙祖村创刊，4 开 4 版，铅印，周二刊，山东纵队政治部宣传科长于平任编辑主任，武中奇题写报头，刘子超撰写发刊词。报社印刷厂设在孟良崮下的天水栈村，于瑞光任厂长。

《前卫报》的主要任务是宣传党的战略方针和山东纵队司令部、政治部的命令指示，报道部队作战、训练、连队建设、支部生活、战士生活、对敌斗争和群众工作等，主要宣传对象是战士，兼顾连排级干部。报纸上的新闻稿件主要根据新华社稿件改编，重大战役、活动的报道由专业记者采写，地方部队的报道主要依靠部队中的通讯员投稿。报纸图文并茂，文章短小精悍、通俗易懂，内容生动活泼、典型深刻，深受广大指战员的欢迎。由于该报为部队创办，最初由部队负责发行，建立军邮后，改由军邮发行。发行范围为山东境内八路军部队排级以上。

1942 年 8 月 1 日，根据中央军委指示，八路军山东纵队改为山东军区，并以山东纵队机关一部为主成立鲁中军区。《前卫报》改为鲁中军区政治部机关报，由鲁中军区政治部负责出版，刘宗卓任主编。新的《前卫报》仍延续原有刊期，编辑方针、发行对象不变，发行范围改为鲁中军区所属部队和地方武装。

1947 年 3 月，国民党军队对山东解放区发动重点进攻，鲁中区成为重点交战区。7 月，由于战事激烈，《大众日报》和《鲁中大众》暂时休刊，《前卫报》也被迫于 8 月 1 日停刊。前卫报社的大部分工作人员转移到滨海区，坚守在鲁中区的仅剩下刘光明等五六位报社人员。刘光明等人在与敌军的周旋中，利用夜间作战间歇，出版了油印的《前卫通讯》。他们带着一台收音机和一台油印机，边听新闻广播，边记录、编辑、刻版、印刷，把战争形势、重要战役等情况及时传播到机关、部队和群众中去。在《大众日报》《鲁中大众》休刊期间，这份油印的《前卫通讯》小报，成为当地军民唯一获得最新战斗消息的来源，坚定了鲁中军民战斗的决心，为他们带来了胜利的希望。后来，《前卫通讯》改为铅印版，成为干部内部读物，部队发至营，地方发至县，32 开，每周日出版，停刊时间不详。

1947 年 9 月 27 日，《前卫报》复刊，鲁中军区政治部在复刊当期（第 441 期）刊登了《关于〈前卫报〉复刊的通知》，重申了《前卫报》的编辑方针、对象和发行范围。同时，为了加强《前卫报》的领导，决定成立以刘宗卓、房干、赵锡纯、郭济民、张荣湘、何庆宇、张国锋等 7 人组成的报社编委会，刘宗卓任主任委员，房干任副主任委员。

1948 年 8 月，鲁中区和鲁南区合并为鲁中南区，鲁中军区和鲁南军区也合并为鲁中南军区，鲁南军区政治部的《前进报》并入《前卫报》。

1948 年 10 月 10 日，《前卫报》（图 19）作为鲁中南军区政治部机关报，重新创刊，房干任社长。新的《前卫报》为内部刊物，4 开 4 版（有时也出 6 版或 8 版），铅印，刊期不固定，主要读者对象为军区所属干部、战士。在第 1 期第一版上，刊登了鲁中南军区、鲁中南区党委《关于出版〈前卫报〉的决定》，指出《前卫报》是区党委领导下，军区军政工作建设的指导武器，办报目的是宣传与贯彻毛泽东建军思想与军事原则，贯彻与宣传党的号召与政策。

前衛報
區黨委
關於出版前衛報的決定

图 19：《前卫报》

1949 年 4 月 18 日，自第 36 期起，出版者改为“山东鲁中南军区政治部”，8 月 1 日起改为“中国人民解放军鲁中南军区政治部”。

1952 年 6 月 15 日，因鲁中南军区撤销，《前卫报》出版至第 107 期停刊。

二、山东军区创办的报刊

1942 年 8 月 1 日，根据中央军委的指示，八路军山东纵队正式改为山东军区。山东军区创办的报刊，有山东军区政治部创办的《山东画报》，山东军区卫生部创办的《军医杂志》《山东医务杂志》，山东军区通讯业务编委会创办的《通讯业务》，等等。

1.《山东画报》

1943 年 7 月，《山东画报》（图 20）在莒南县大店镇何家店子村创刊，其前身是八路军一一五师兼山东军区政治部主办的《战士画刊》。

图 20：《山东画报》

《山东画报》第 1 期为“抗战六周年纪念专号”，以第十八集团军山东军区政治部的名义出版，16 开，28 页，内容大部分为美术作品，另有萧华《抗战第六年的山东八路军》等文章。从第 2 期开始，改为山东画报社编辑，山东新华书店出版。山东画报社隶属山东军区政治部领导，山东军区政治部宣传科长康矛召任社长兼主编，那逖任副主编，负责报社的日常工作，白刃、龙实、赵钱孙、邵锡吾、郝世保、宋大可、刘璞等任编辑。

《山东画报》以根据地军民和干部为主要读者对象，紧密结合党的中心工作，以典型事例教育根据地军民，反映军队的英雄业绩以及根据地和解放区的建设情况。在编辑上，强调宣传英雄主义，鼓舞军民士气，坚定必胜信心；在内容上，突出军事宣传，展现英雄模范人物事迹，反映人民群众拥军、参军、支前、生产的热情。创刊之初，该画报一半篇幅为石印，刊登绘画，一半篇幅为铅印，刊登木刻和一些文艺作品，由山东军区政治部战士印刷厂负责印刷，每期大约印1500份。发行渠道是由大众日报社发行科统一按战时邮政系统分发给山东各区部队和党、政、群单位，还通过敌占区送往鲁西地区部队以及八路军太行山总部。

《山东画报》是山东抗日根据地创办较早的一份画报，创刊时，山东抗日根据地的形势刚开始好转，还没有照相制版条件，只能把画稿描画在石印药纸上，把木刻原版直接和铅字排在一起。在石版印刷部分，选用各种网纹，调制油色，套印二至三种颜色。摄影工作也很薄弱，画报社摄影只有郝世保一人，社长康矛召找到一台可拍8张底片的蔡司伊康相机学习拍照。为了改变这种情况，军区一方面让郝世保办摄影训练班，一方面派人到上海采购照相制版设备和摄影器材，聘请技术工人。1944年8月，画报社迁到石印厂所在地前净埠子村，从上海运来照相制版的铜版器材，并动员制版工人到根据地来。铜版器材正准备安装时，日军开始进行“扫荡”，一部分器材被捣毁，仅有的一块照相制版网目，也被敌人砸碎。1944年冬，反“扫荡”结束后，画报社在新驻地宋家洼子把敌人砸碎的网目拼起来，聘请制版工人试验照相制版。1945年2月，终于成功印制出了第一幅铜版毛主席像。1945年，画报社出版了山东抗日根据地第一本特刊照片画册《攻克莒县城》，刊登照片84幅。从1945年7月1日第25期起，《山东画报》开始刊登铜版时事照片。自此以后，《山东画报》逐步发展成以铜版摄影照片、锌版美术作品和铅印文字为主的综合性画报。

《山东画报》的出版，得到了各方面的关怀。山东军区司令员兼政委罗荣桓、政治部主任萧华对《山东画报》非常关心，从画报筹办时起，就多次强调要求刊登照片；大众日报社总编辑白子明，副总编辑陈楚、陈冰等，对画报的编辑工作给予指导；木刻大家王绍洛，漫画、连环画家任迁乔，大众日报社美术编辑李干法等从事版画和美术的同志，都曾为画报提供过画稿。

《山东画报》创刊时，为16开，月刊，由于战争原因，画报社和印刷厂经常转移，难以定期出版，因此，《山东画报》从1945年7月15日的第26期开始，改为不定期出版，版式也不断变化，有时为4开或8开的单张，有时又恢复为16开画册。

1947年1月，山东军区改为华东军区。1947年3月，《山东画报》更名为《华东画报》，并继续沿用《山东画报》编号顺序，从40期开始，不定期出版。《华东画报》第40期至第48期为4开单页，1949年3月出版的第49期为《淮海战役特辑》（图21），16开，16页。随后，华东局南下，《华东画报》在山东境内停刊。

图21：《华东画报》

华东画报社迁到上海后，《华东画报》又出版了2期，于1949年5月停刊。1949年12月1日，《华东画报》在上海复刊，刊期从新1期开始，大16开，月刊，自新33期开始改为半月刊，1953年1月25日，出版到新41期停刊。

1958年8月，《山东画报》复刊，归山东省文联主管，1959年7月，又划归山东省出版事业管理局主管，1961年2月停刊。1977年8月，经山东省委宣传部批准，《山东画报》再次复刊，并出版至今。

《山东画报》在1945年6月还出版过《山东画报（胶东渤海分版）》，为4开单页摄影画报，由山东军区政治部创办，胶东画报社负责出版，渤海画报社提供部分稿件，主要刊载摄影作品，在胶东、渤海两个战略区发行，1947年5月停刊，共出版8期。在出版单页画报的同时，《山东画报（胶东渤海分版）》还出版过16开的画册版，目前已知现存4期。其中，第1期的出版时间为1946年3月31日，出版者为山东解放军胶东渤海军区政治部；第2期的出版时间为1946年6月30日，刊名改为《山东画报（胶东分版）》，出版者改为山东胶东军区政治部；第3期出版时间为1946

年 8 月 30 日。另外，第 3 期还有一期增刊，名为《高举义旗》，由胶东画报社出版。

2.《军医杂志》《山东医务杂志》

1944 年 1 月 1 月，山东军区卫生部在临沂创办了《军医杂志》。出至第 1 卷第 3 期后，经编委会研究，决定改变名称，扩大内容。1945 年 1 月，《军医杂志》自第 2 卷第 4 期起，正式更名为《山东医务杂志》（图 22）。山东军区卫生部长白备五兼任主编，军区领导人罗荣桓、黎玉、萧华等，都曾为杂志撰稿。

图 22：《山东医务杂志》

《山东医务杂志》是供山东抗日军队医务人员学习业务的医学刊物，刊载主管部门的命令、指示，交流各地工作经验，介绍新的医术和战地救护技术等，设有“医学论坛”“医学专论”“自然科学常识”“卫生工作总结”“医院生活治疗与研究”等栏目。第 2 卷第 8、9 期合刊为《药物专刊》，专门介绍药理和调剂知识。

《山东医务杂志》32 开，铅印，不定期出版，每期发行 6000 余份。1945 年 12 月，出至第 2 卷第 10 期停刊。

3.《通讯业务》

1945 年 9 月，山东军区通讯业务编委会创办的《通讯业务》在临沂创刊。新四军和山东军区两个通讯部门合并成立华东通讯联络分局后，改为华东通讯联络分局编印。该刊物由黎玉题名，32 开，铅印，双月刊，1946 年停刊，共出版 6 期。

三、新四军山东军区创办的报刊

1945 年 12 月 3 日，中央军委决定，新四军军部与山东军区领导机关合并，新四军军长陈毅兼山东军区司令员。新四军山东军区创办的报刊有

《军政周报》《军政（半月刊）》《军政报》《战士卫生》等。

1.《军政周报》

为交流全军工作经验，提高业务学习水平，1946 年 4 月 5 日，新四军山东军区政治部作出了《关于出版〈军政周报〉的决定》，要求各级政治机关建立或整顿党报通讯网，成立通讯小组，撰写稿件并组织读报学习。

1946 年 4 月 18 日，《军政周报》（图 23）正式创刊，由新四军山东军区政治部负责编印出版，16 开，铅印，周刊。该刊是新四军山东军区的党刊，读者对象是连及相当程度的排以上干部，主要任务是报道和指导每一时期的中心工作，进行连队工作研究，提供政治军事工作常识，对典型经验、英雄模范事迹进行介绍。

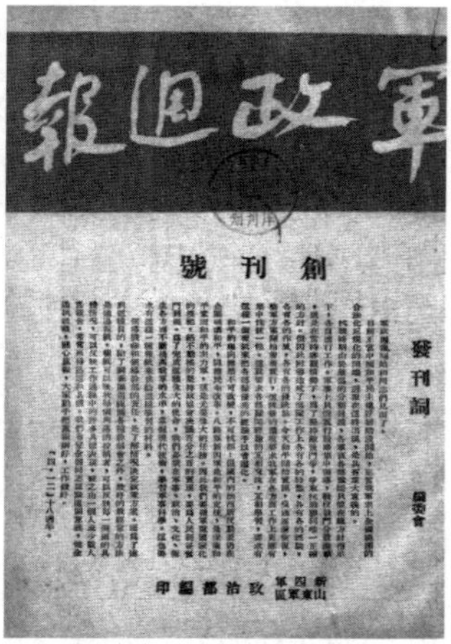
軍政週報
創刊號
發刊詞
新四軍山東軍區政治部編印

图 23：《军政周报》

《军政周报》在发刊词中指出："我们要做军队国家化的模范，绝不动摇的坚持政协决议百分之百的实现，要为人民利益奋斗到底。为了完成这种伟大的使命，我们必须在军事、政治、文化、卫生各方面不断提高我们的水准，掌握现代技术，学习军事科学。这也要求有这样一种报纸来供给这种学习的材料。"①

《军政周报》的主要内容是评定工作经验、复员工作报道及经验、巩固治安的经验及教育材料等，此外，还刊登短剧、杂耍、歌曲等文娱作品。报纸设有"评定工作""复员与评定""时事教育""军人俱乐部""练兵工作""连队工作""俘虏工作""经验介绍"等栏目。

《军政周报》把建立党报通讯组织和加强指战员的文化学习密切联系起来，是部队加强战士思想教育和文化教育的重要手段和渠道，对于研究山东解放区的军队建设具有重要史料价值。

---

① 山东省出版总社出版志编辑室：《山东出版志资料》（第 8 辑），内部资料，1989 年 10 月，第 138 页。

1946年6月，《军政周报》出版至第10期后停刊。1946年8月，《军政周报》改为《军政（半月刊）》。

2.《军政（半月刊）》

1946年8月15日，由新四军山东军区政治部编印的对内刊物《军政（半月刊）》（图24）在临沂创刊。该刊物原名《军政周报》，更名后，期数另起，共出14期。该刊物主要对部队进行政治、军事教育，对军事工作与政治工作的经验进行总结。

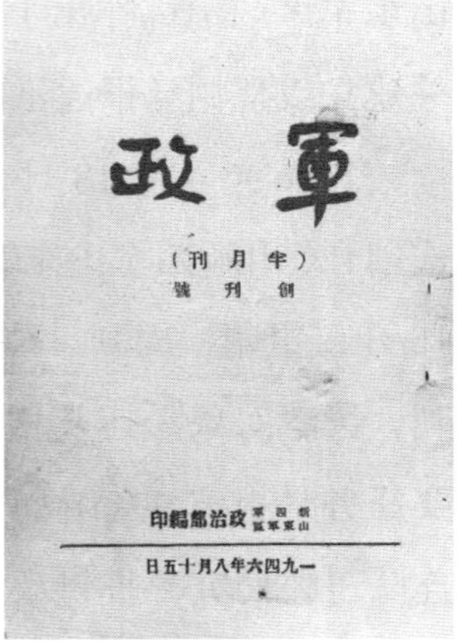

图24：《军政（半月刊）》

1947年1月23日，根据中央军委命令，华东解放军进行统一整编，撤销新四军、山东军区、山东野战军和华中野战军番号，成立华东军区、华东野战军。为适应解放战争需要，加强思想动员与领导，交流全军工作经验，提高业务水平，鼓舞军队士气，争取解放战争彻底胜利，1947年2月1日，华东军区政治部在《关于加强全军性报纸建立军政通讯社的决定》中指出，将《军政（半月刊）》改为《军政杂志》，《军政（半月刊）》停刊。

3.《军政报》

1946年8月15日，由新四军山东军区政治部主办的《军政报》（图25）在临沂莒南创刊，万里云任社长兼总编辑。

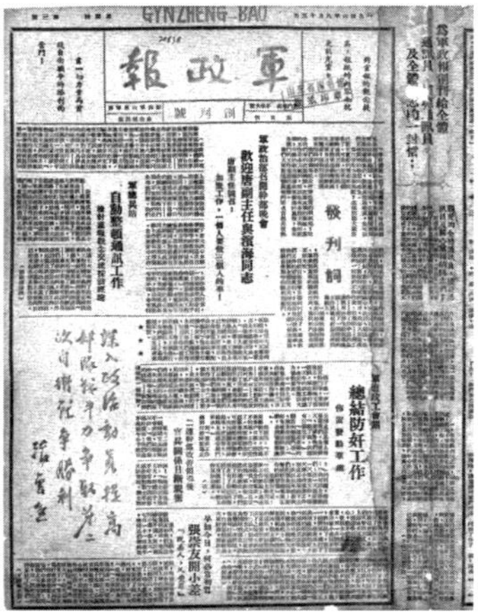

图25：《军政报》

《军政报》是新四军直属机关、直属兵团的党报，由滨海军区《民兵》报原班人马筹办出版，4开4版，铅印，五日刊，1947年2月14日起改为4开2版，三日刊，每隔2期增为4版。主要发行范围是新四军直属队、直属分区、直属警备旅。

1947 年 3 月 31 日，《军政报》停刊，报社人员并入军政杂志社。

4.《战士卫生》

1946 年 3 月 1 日，新四军山东军区卫生部战士卫生编辑室编辑的《战士卫生》在临沂创刊，为卫生普及宣传刊物，发至基层部队，16 开，铅印，半月刊。

《战士卫生》主要内容是普及卫生常识，介绍常见新病的治疗措施，报道如何开展群众健康运动。1946 年 4 月 1 日，出版至第 3 期后停刊。

四、华东军区、华东野战军创办的报刊

华东军区创办的报刊有《军政杂志》《军直小报》《战勤报》《军政通讯》等，华东野战军创办的报刊有《华东前线》《华东前线增刊》《文艺丛刊》等。

1.《军政杂志》

1947 年 6 月 15 日，华东军区政治部编印的《军政杂志》（图 26）在临沂创刊。该杂志是全军性的综合性对内刊物，继承《军政（半月刊）》刊期，从 15 期开始，铅印，16 开，不定期出版。

图 26：《军政杂志》

《军政杂志》的发行对象为营以上及有相当政治文化的连级干部，主要内容包括政治、军事、时事、文化四大类。办刊任务，一是传达与贯彻上级每个时期的工作方针；二是交流与系统总结具有全军意义的各个时期工作经验；三是进行阶级教育与时事教育；四是提倡部队学术研究，提高部队军政文化水平。

1949 年 3 月，《军政杂志》出版至第 21 期停刊。

2.《军直小报》

《军直小报》，1948 年创刊于临沂，由华东军区政治部主办，华东军区

政治部组织部直属工作科负责编印，属于部队内部刊物，铅印，一般为 4 开 2 版或 4 开 4 版，五日刊，停刊时间不详。

《军直小报》主要刊登解放军内部指令、学习材料、新闻评论、国际国内时局评论等。一版有“社论”“短评”“思想漫谈”等专栏，刊登军政消息、思想动态、英雄模范事迹等；二版包括时事教育、学习体会、智力测验、寓言故事、游戏算术等。

《军直小报》非常重视通讯工作，经常发表有关通讯员的新闻，如《通讯员好榜样：姜慎守立功事迹》等。此外，报纸还经常刊登有关战士日常生活的报道，不定期发布《功臣榜》，表彰部队涌现的战斗英雄。

3.《战勤报》

1948 年 10 月 6 日，华东军区后勤党委机关报《战勤报》（图 27）在临沂创刊。该报由华东军区后勤政治部战勤报社编印，对内刊物，4 开 4 版，铅印，周刊。

《战勤报》创刊号头版上，有罗应怀撰写的《发刊词》。头版中心位置，有张云逸的题词：“全心全意为前线服务，保证人民革命战争彻底胜利！”该报以报道军队战勤支援、伤病救护、物资保障以及收容工作等为主要内容，对于研究华东军区后勤保障工作，有重要的史料价值。

ZHANKIN BAQ
戰勤報
創刊號
發刊詞
全心全意為前綫服務 保証人民革命戰爭徹底勝利！
張雲逸
克服自滿麻痹 加強戰勤工作

图 27：《战勤报》

1950 年 2 月 9 日，《战勤报》停刊，共出版 70 期。

4.《军政通讯》

《军政通讯》是由华东军区政治部主办的对内刊物，华东军区整编委员会、华东军区政治部编印，1948 年在临沂创刊，铅印，4 开 4 版，具体刊期、停刊时间不详。

5.《华东前线》《华东前线增刊》

《华东前线》是华东野战军政治部机关报，是华东野战军第一份全军性的报纸，由华东野战军政治部于 1947 年 5 月 4 日创办，康矛召任社长，徐白坚任副社长。同时还刊印了《华东前线增刊》，作为内部刊物。

1947 年 1 月底，山东野战军前线分社和华中野战军前线分社合并，成立新华社华东前线分社，康矛召兼任社长，邓岗任副社长。该社是华东总分社中比较健全的分社之一，是华东野战军政治部的一个有机组成部分，是《华东前线》的通讯部门，负责组织全军的通讯工作，向《华东前线》供给新闻稿，并代表华东野战军进行对外宣传报道工作。

《华东前线》主要发行对象为华东野战军（后改为中国人民解放军第三野战军）前线各部队、支援前线的民兵团、常备民工队伍和地方武装部队，宣传党的方针政策，传播胜利消息，交流部队工作经验，受到部队广大指战员的欢迎。

《华东前线》创刊伊始就突出宣传毛泽东的军事战略、战术思想，加强对战争的宏观指导，并结合华东战场的实际，发表军事指挥机关对战况的分析，帮助全军指战员理解和掌握中央军委的战略方针。同时，报纸还加强对军队的政治思想指导，通过集中发布胜利消息、刊登英雄模范事迹，激励广大指战员充分发扬革命英雄主义精神。

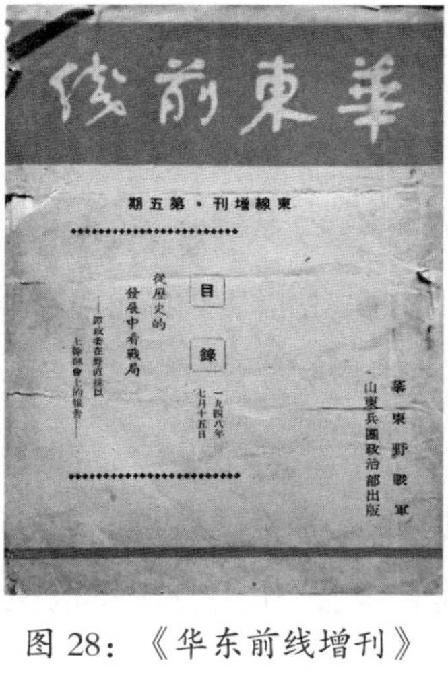

图 28：《华东前线增刊》

1947 年 8、9 月间，华东野战军奉命挺进中原开辟新战场，进行外线作战，留在山东境内作战的部队，组建成华东野战军山东兵团。1947 年 9 月，《华东前线》暂时停刊，《华东前线增刊》（图 28）继续编印，发表长篇经验性文章，如陈毅、粟裕关于战局的重要讲话等。

1948 年 6 月 22 日，《华东前线》作为华东野战军山东兵团机关报复刊，刊期另起，对内刊物，铅印，16 开，三日刊，每期一般为 4 页，页码连续计数。每出版 10 期左右，刊发一张编有总目录的封面，由读者自行装订成册，以便于保存。

新《华东前线》在第1期上刊登了《关于出版〈华东前线〉的决定》，作为《代发刊词》，文中指出："八个月的事实证明，出版一个全兵团范围的统一的党报，完全属于必要"，"《华东前线》报的性质，确定为一综合性的活页杂志（八开、四页，暂定三日一期），对象为部队连以上军政干部。它的任务是：一、反复宣传毛泽东思想与党的政策，贯彻前委及兵团司政机关对于部队的思想领导和工作（作战）指导，保证全兵团在思想上、政策上、作战方针和工作作风上完全一致。并通过报纸帮助领导及时了解情况，汲取经验，改进工作。二、为全体指战员，首先就是为连营干部服务，根据他们作战、工作、学习的需要，有计划地介绍与交流一些经验，供给他们必要的参考资料和文艺读物，使报纸真正成为干部学习的园地。在《华东前线》出版之后，仍继续编印《华东前线增刊》，介绍比较系统、完整的军政工作经验。"

新《华东前线》创刊初期，每期发行2000份，1948年8月，增加至5000份。

1949年5月，华东前线报社随华东野战军第七兵团入浙，改由第七兵团兼浙江军区政治部出版，读者对象为连以上干部。1950年4月12日，《华东前线》出版至第200期停刊。

五、各战略军区创办的报刊

各战略军区创办的报刊，有鲁南军区的《抱犊崮报》《战号》《鲁南报》《前进报》《前线通讯》《麓水报》，鲁中南军区的《前卫报》《前卫增刊》《前卫画报》，滨海军区的《民兵》《民兵副刊》《滨海民兵》，等等。

1.《抱犊崮报》《战号》《鲁南报》《前进报》

为了宣传共产党和八路军的抗日政策，宣扬部队的英雄事迹，鼓舞指战员的斗志，鲁南军区政治部决定创办《抱犊崮报》，作为鲁南军区机关报。

1940年11月，《抱犊崮报》在临郯费峄边联县的岭南头、张峪子一带创刊，由鲁南军区政治部宣传科管理。1941 年，《抱犊崮报》改名《战号》，1943 年改为《鲁南报》（图 29）。卢章炯、郭仲选、刘兴华、高博、李洪林等先后任编辑或主编。该报最初为油印，后改为铅印，8 开 4 版，不定期出版，主要在军区所属部队发行。1945 年，又改名为《前进报》（图 30）。

魯南報
紀念八一建軍節

图 29：《鲁南报》

前進報
恭賀新年

图 30：《前进报》

《前进报》为鲁南军区政治部创办的对内刊物，4 开 4 版，四日刊，先石印，后铅印，主要刊载鲁南军区各级军委指示、通知，报道鲁南区大小战役情况、部队后勤情况以及战斗英雄、典型人物事迹。

《前进报》重视工农通讯、部队通讯工作，开辟“战士习作”栏目，刊登工人、士兵所写文章。

1948 年 2 月 18 日，《前进报》停刊，共出版 329 期。

2.《前线通讯》《麓水报》

1945 年 6 月，鲁南解放军三团、五团及铁道队改建为山东军区第八师，王麓水任师长兼政委。八师建成后，师政治部于 6 月底出版了《前线通讯》。该报纸为 8 开不定期油印小报，主要是刊登宣传鼓动材料，及时报道各团胜利消息、英模事迹及交流战斗经验。

1945 年 12 月 13 日，师长王麓水在解放滕县战斗中牺牲。1946 年 12

月 13 日，为纪念王麓水牺牲一周年，八师政治部将《前线通讯》改名为《麓水报》，陈毅题写报头，并成为八师党报。

《麓水报》刚创刊时，有报无社，由师政治部宣传科编印。参与报纸工作的有宣传科长陈虞榕、干事郑福祥、林塞及前线记者团驻八师记者刘亮。1947 年 1 月，以八师为骨干的七、八、九三个师建成华东野战军第三纵队，《麓水报》升级为第三纵队党报，开始建立报社机构。同时，新华社华东分社第三支社建立，下设采通室、编辑室、机要股、报务组、发行组和监护班，单斐任分社社长兼报社社长。第三支社与报社是一个机构，两块牌子，负责出版报纸和对新华社发稿。

《麓水报》曾改为 16 开，2—3 天出一期。1949 年 2 月 16 日，华东野战军第三纵队改为中国人民解放军第二十二军，《麓水报》成为二十二军军报，刘亮任社长。1949 年 6 月 27 日，《麓水报》自 612 期改为铅印，8 开 4 版，二日刊，尚力科任社长，邓果任副社长。1952 年 5 月，各野战军报纸一律停刊，《麓水报》也宣告停刊。

3.《前卫报》《前卫增刊》《前卫画报》

《前卫报》的前身是山东纵队政治部创办的《前卫报》，1940 年 11 月 7 日在沂南县孙祖村创刊，1942 年 8 月改为鲁中军区政治部机关报，1948 年鲁中区与鲁南区合并，《前卫报》停刊。

1948 年 10 月 10 日，《前卫报》作为鲁中南军区政治部机关报，重新创刊，房干任社长。《前卫报》为鲁中南军区政治部内部刊物，4 开 4 版，有时也出 6 版或 8 版，铅印，不定期出版，主要读者对象为军区所属干部、战士，主要内容是宣传与贯彻毛泽东建军思想与军事原则，贯彻与宣传党的号召与政策。

《前卫报》的出版者最初是华东鲁中南军区政治部，1949 年 4 月 18 日，自第 36 期起，改为山东鲁中南军区政治部，1949 年 8 月 1 日起，改为中国人民解放军鲁中南军区政治部。

1952 年 6 月 15 日，因鲁中南军区撤销，《前卫报》出版至第 107 期后停刊。

在出版《前卫报》的同时，鲁中南军区还出版过《前卫增刊》，创刊及停刊时间不详。其中1949年1月20日出版的增刊为《毛主席发表关于时局的声明》。

《前卫画报》(图31)，1949年1月1日创刊，华东鲁中南军区政治部出版，后改为山东鲁中南军区政治部、中国人民解放军鲁中南军区政治部出版。

图31：《前卫画报》

《前卫画报》根据每个时期的政治任务刊登一些适合部队生活的文艺作品、各部队英模故事及相关的图片、木刻、艺术作品等。此外，画报还开辟了“部队生活”“战士习作”等栏目。

《前卫画报》最初为32开，半月刊，从1949年6月10日第9期起，改为16开册页版，不定期出版，一般为4版4页，篇幅根据内容材料多少而随时增减，每隔几期发一个封面，由读者自行装订成册。第13期为《〈八一〉纪念专刊》，出版时间为1949年8月1日，为16开装订画册。1949年10月之前，共计出版15期。

4.《民兵》《民兵副刊》

1943年5月20日，滨海军区政治部机关报《民兵》创刊。这里的“民兵”二字，指的是“人民子弟兵”。6月底，《民兵》奉命并入八路军一一五师创办的《战士》报。8月14日，《战士》报停刊，《民兵》复刊，继续承接原来期数出版。1946年夏，出至第151期停刊。1947年1月1日，《民兵》再次复刊，期数另起。1948年1月15日，出版至第68期，再次停刊。

《民兵》的主要发行对象是驻滨海军区内一一五师所属部队及滨海区地方武装。该报有通讯员1000多名，工农兵来稿占比达七成之多。报纸开辟有“望远镜”“红榜”“劝化院”“回头路”“俱乐部”“工农干部习作”“战士园地”等十几个专栏，曾受到山东分局、山东军区的表彰。

《民兵》最初6开2版，油印，周刊，出版6期后，改为铅印，每期发行3000—4000份。1944年1月，改为4开4版，五日刊。1947年元旦复刊后，改为周刊。报头最初由罗荣桓题写，后改由舒同题写。

1947年1月25日，山东军区滨海军分区政治部又创办了《民兵副刊》。该刊32开，铅印，半月刊，共出版14期，1947年12月28日停刊。

《民兵副刊》的主要内容包括：介绍各地区组建、训练民兵的先进经验，提倡“以战教战”的训练方法，提高民兵的战斗能力和应变能力；总结民兵在支前工作中的经验教训，严格把握“入伍”关，强调加强对民兵的思想教育，宣传党的方针政策，确保土改和整风的顺利进行。

第五节　沂蒙革命根据地群众团体创办的报刊

1940年8月6日，山东省各界社会群众团体，如山东省民众总动员委员会、山东省各界救国联合总会、山东省职工救国联合会、山东省农民救国总会、山东省青年救国总会、山东省妇女救国联合总会、山东省文化界救亡协会总会等，分别举行了成立大会。随后，各群众团体根据自身工作需要，纷纷创办了各自的报刊。

一、山东省文协创办的报刊

抗日战争时期，沂蒙革命根据地共设立了两个文化工作管理机构，即山东省文化界救亡协会（简称“山东省文协”）与山东省战时工作推行委员会（简称“山东省战工会”）教育组。其中，山东省文协是山东分局领导下的群众文化组织，属于文化统一战线组织，与作为行政组织的山东省战工会教育组协同推进沂蒙革命根据地抗战文化工作的开展。

1940 年 8 月 6 日，山东省文协在沂南县青驼寺正式成立，刘子超、李澄之、杨希文、李竹如等 16 人为委员，下设组织部、宣传部、战时教育部。山东省文协是中国共产党领导下的山东文化界统一的群众文化组织，以“团结全山东一切文化宣传教育工作者，推动抗战与新民主主义的文化运动为宗旨”[①]。编辑出版通俗读物，是山东省文协的一项重要任务。为了加强编辑出版工作，山东省文协成立了编辑部，大量编辑出版图书、期刊，编写各类教材，改编出版旧体文艺小说。

山东省文协创办的期刊有《山东文化》《文艺》《大众歌选》《大众歌声》《农村生活》《戏剧杂耍集》《戏剧》等。

1.《山东文化》

1943 年 3 月 1 日，由山东省文协编辑的《山东文化》（图 32）在莒南县创刊。该刊是山东抗日根据地较早出版的综合性文艺杂志，32 开，铅印，月刊。自 1943 年 11 月第 7 期起，改为 16 开。最初由大众日报社印刷、总售，1944 年 7 月，山东新华书店正式成立后，改由山东新华书店印刷，每期发行量 2000 余份。

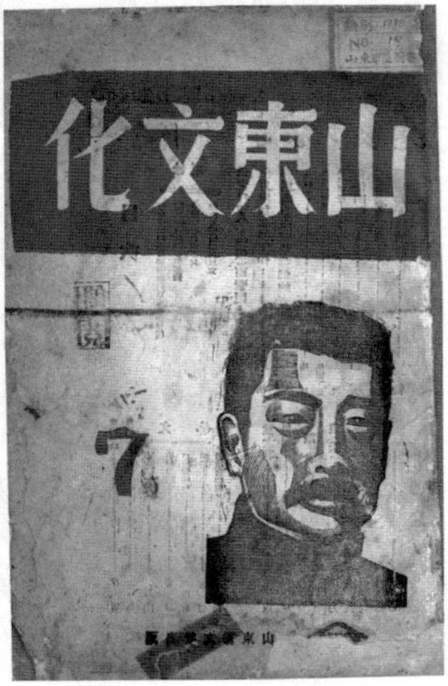

图 32：《山东文化》

《山东文化》在创刊之初，只有刘知侠、尚力科两位编辑，后来编辑队伍扩大，燕遇明任主编、刘知侠任副主编（后任主编）。1946 年 8 月，成立编委会，省文协会长张凌青、刘雪苇先后任主编。撰稿人除陶钝、燕遇明、刘知侠、张立吾、张凌青等是专业作家外，其他主要是根据地党政机关、部队、群众团体等各条战线的青年干部。

《山东文化》的读者对象，以中下级干部为主，内容广泛，包括政治、

① 山东省档案馆、山东社会科学院历史研究所：《山东革命历史档案资料选编》（第 5 辑），山东人民出版社，1982 年 11 月，第 331 页。

经济、文学、艺术、科学、教育等，其中文学、艺术占比较大。该刊收录的作品，文艺形式多样，包括小说、诗歌、通讯、报告文学等。该刊最大的特点是与根据地现实斗争紧密结合，如实反映根据地军民的斗争生活、生产劳动、拥军爱民、翻身解放，记录根据地的新人新事新风貌，风格朴实，语言生动，具有浓厚的生活气息。

1945 年 8 月，日本投降后，《山东文化》短暂停刊。1946 年春，又在临沂复刊。复刊后，以大中学生、中小学教师及有中等以上文化程度的干部为主要读者对象。1947 年，出至第 5 卷第 2 期停刊。

2.《文艺》

图 33：《文艺》

1947 年 4 月 20 日，《山东文化》的副刊《文艺》（图 33）在临沂正式创刊，为综合性刊物，主要是为了满足青春蓬勃的文艺创作活动的需要而创办。该刊物由《山东文化》文艺副刊编辑部编，山东新华书店出版，32 开，铅印，终刊时间及刊期不详。

《文艺》在其创刊号的《发刊词》中指出："整个华东解放区的原野上，自卫战争的漫天烽火，闪射着壮烈的光焰；人民大众的踊跃参战，以及彻底推进的土地改革，已汇为情热的狂风暴雨。这是一个空前急剧而伟大的历史时间！不但鼓舞了我们今天慷慨前趋的信念，而且也烘托出胜利的明天的远景——新民主主义在全国的实现。作为革命集团最锐敏的感觉器官的文艺工作者，就必须对此时此地，此情此景，于一般的概述的反映之外，更能有显然具体、富于彩色、令人感奋的形象的表现。《文艺》这一个刊物，就是专为提供大家通过作品，来表现实际生活的场所。我们希望它成为整个战斗序列行进曲，冲锋号！"该期的《编后记》中指出："希望这刊物能真的成为我们砥砺写作的场地，能鼓励大家的写作，成为开展写作运动的核心。”

《文艺》以多种形式真实反映了山东解放区军民的生产生活和斗争情况，成为《山东文化》的有益补充。

2.《大众歌选》《大众歌声》

1943 年 3 月，《大众歌选》创刊，由山东省文协编辑，最初由大众日报社印刷发行，后改由山东新华书店出版，32 开，石印，不定期出版。该刊物以宣传抗日和促进文化建设、反映根据地民主为宗旨，主要内容包括生产歌曲、部队歌曲、民兵歌曲和其他歌曲，每期刊登歌曲 7—20 首，另外还刊登一些相关的音乐知识等。

1944 年 6 月，《大众歌选》自第 8 期起，改为《大众歌声》，出版至 1946 年 9 月第 18 期停刊，后改出“战时小丛书”的《歌曲集》。1947 年 3 月，山东省文协大众歌声社编的《歌曲集》第 21 页《改版启事》中指出：“为符合战时需要和集中出版起见，今后统一编为‘战时小丛书’。”

3.《农村生活》

1943 年 8 月，由山东省文协创办的《农村生活》创刊，自第 3 期起改由滨海区文协出版，始为月刊，1944 年起改为半月刊，停刊时间不详。

《农村生活》作为通俗读物，主要读者对象是区乡村干部和广大农民。该刊立足群众，语言平易浅显，通俗易懂，受到群众的欢迎。

《农村生活》在第 1 期《开场白》中对刊物的性质、宗旨、读者对象、名字由来进行了介绍：“《农村生活》是专门给老百姓看的一个刊物。我们老百姓都是在农村里生活，我们这个刊物就是要来指导老百姓的生活，提高老百姓对各种事物的认识，对老百姓进行一些进步的抗战的教育，所以我们这个刊物的名字也就叫做《农村生活》。”①

4.《戏剧杂耍集》《戏剧》

《戏剧杂耍集》，由山东省文协于 1943 年创办，是山东戏剧普及运动

① 山东省出版总社出版志编辑室：《山东出版志资料》（第 8 辑），内部资料，1989 年 10 月，第 107 页。

中的一个刊物，铅印，月刊，1944 年停刊。所谓“杂耍”，主要指除戏剧之外的其他舞台艺术形式的总称，包括快书、鼓词、舞蹈，以及高跷、旱船、竹马、抬赃官等民间艺术形式。

1943 年，在毛泽东“面向工农兵”的文艺方向指导下，山东分局向山东省文协、各文艺团体、文艺工作者提出了文艺普及工作的任务。为完成这一任务，山东省文协一方面创办普及性刊物《戏剧杂耍集》，供给文艺、戏剧、歌曲等作品，另一方面组织群众文艺活动，开展戏剧普及运动，帮助建立一批农村剧团。

1945 年，随着根据地面积的扩大，农村和部队戏剧活动得到蓬勃发展，山东省文协为了满足根据地军民开展文艺活动的需要，将《戏剧杂耍集》改为《戏剧》。

1945 年 10 月 20 日，《戏剧》（图 34）在莒南县正式创刊，由山东新华书店负责出版。《戏剧》是一个专业刊物，32 开，铅印，月刊，共出版 10 期，1947 年停刊。该刊的任务是供给农村剧团和部队剧团剧本，扶助工农兵群众戏剧创作，指导农村剧团的演出活动。

图 34：《戏剧》

《戏剧》的编辑只有林艺、贾霁二人，轮流担任采访和编辑工作。他们一人承担组稿、选稿、发排工作，一人深入农村剧团开展文艺活动。该刊通俗化、大众化的编辑风格，深受广大工农兵的欢迎，有力推动了根据地文艺运动的开展，同时，也培养了一批文艺人才。

二、其他省级群团组织创办的报刊

除山东省文协外，其他省级社会群众团体组织创办的报刊，有山东省文学艺术界联合会创办的《山东文艺》，山东省妇女救国联合会创办的《山东妇女》，山东各界救国联合总会创办的《山东群众》等。

1.《山东文艺》

1942 年 7 月，由山东省文学艺术界联合会主办的《山东文艺》创刊，刊期不定。

《山东文艺》创刊目的是以文艺形式反映山东抗日根据地党政军民的英勇斗争及根据地建设的各方面成就。《山东文艺》第 1 期的《编后》中指出："如有人要问本刊的宗旨，那么，我们的回答很简单：我们希望借着这个小小的刊物，通过文艺的形式来反映敌后山东人民的英勇斗争与根据地建设的各个场面，并以之作为山东文艺工作者及热心文艺的同志的联系、研究和习作的园地。尤其是作为教育广大群众的文艺读物；但要做到这点，则又必须要求我们的作品真正成为群众的读物，起码也要一念起来，群众就听懂；当然，这并不是容易的事，但这是本社同仁奋斗的目标。"

1942 年 12 月，《山东文艺》出版第 2 期，此后出版时间及停刊时间不详。

2.《山东妇女》

1941 年 3 月 8 月，由山东省妇女救国联合总会创办的《山东妇女》创刊，戈明任主编，陈若克曾参与编写，16 开，铅印，停刊时间不详。

《山东妇女》主要刊登党和政府关于妇女工作的指示，反映山东抗日根据地妇女教育、生产、斗争等方面的事迹报告和总结，在山东抗日根据地妇女界产生了比较大的影响。山东分局书记朱瑞曾为该刊撰写发刊词。

3.《山东群众》

1944 年 2 月 15 日 山东省各县救国联合总会（简称"山东省各救会"）作出《关于出版〈山东群众〉的决定》，指出该刊是代表山东省各救会指导工作的一个武器，内容包括工作指示、工作论文、经验总结、通讯调查、批评表扬等，读者对象是县以上群众、干部及分区级具有阅读能力者。

1944 年 5 月 15 日，《山东群众》（图 35）在莒南县正式创刊，山东省各救会山东群众社编，山东新华书店出版发行，32 开，铅印，月刊。该刊主要宣传抗日战略、战绩，团结教育广大群众，抨击和揭露国民党政府消极抗日、积极反共的面目。

《山东群众》第 1 期封面上注明“对敌秘密”，正文首篇文章为黎玉的《当前群众工作者的眼睛和责任》。

图 35：《山东群众》

《山东群众》倡导开展读报通讯工作，紧紧围绕“群众”二字办报，在鼓励群众、发动群众、引导群众方面发挥着重要作用。

1944 年 10 月，《山东群众》停刊。1945 年 11 月 15 日复刊，复刊后主要刊登新解放区工作经验，更加贴近实际问题，善于用具体区域来做分析，形象生动又通俗易懂，获得了群众的信任与支持。1946 年 9 月，《山东群众》出版至第 10 期时，再次停刊。

三、各区县群团组织及学校创办的报刊

各区县社会群众团体组织和学校也积极创办报刊，如沂水县民众动员委员会创办的《动员日报》，郯城县马头镇爱国青年以区动员委员会名义创办的《动员报》，临郯抗日青年救国团创办的《救国报》，鲁南国民抗敌协会、鲁南民众总动员会创办的《动员》《新山东报》，沂山抗联创办的《群众报》等。

1.《动员日报》

1938 年 8 月，沂水县民众动员委员会在沂水县城南关塘子沟（原瑞溥学校旧址）成立，社会知名人士刘民生任主任委员。

为宣传抗日救亡，动员民众投入抗战，沂水县民众动员委员会于 1938

年 8 月创办了《动员日报》，刘民生任社长，靳星五任主编，尹平符、张敬诺、刘仲实、孙澍人、刘盛甫等负责编印发行。刘盛甫自己组装了一部小型无线电收音机，收录中央社新闻消息。刘仲实负责制报头，绘人物头像，画宣传画，刻钢板。

《动员日报》4 开 2 版，油印，日刊，每期几百份，赠给党政军机关、学校、团体和个人等。一版是社论、新闻，新闻来源有三个渠道：一是来自中央社播发的电讯稿，二是动员委员会和相关单位提供的消息，三是报社自己采访的消息；二版是有关宣传抗日的报道、通讯、散文、诗歌、小说、故事、宣传画及短评等。该报在宣传抗战形势、鼓舞抗战斗志方面，发挥了重要作用。

1939 年夏，日军再次侵占沂水县城，《动员日报》停刊，共出版 300 余期。

2.《动员报》

1939 年夏，郯城县马头镇爱国青年以区动员委员会名义创办了《动员报》。该报 8 开 1 版或 2 版，油印，三日刊，由高赞非、张云非撰写社论，高培刚记录广播新闻并刻版印刷。

《动员报》的主要内容是介绍抗战形势，宣传抗日救亡，动员民众抗战。报纸出版几十期后，遭到国民党顽固派县长阎丽天破坏，被迫停刊。1939 年 11 月 18 日，八路军一一五师东进支队解放了郯城县马头镇，并与苏鲁支队一起，于 1940 年 1 月 26 日解放了郯城县城，随后建立了郯城县抗日民主政府，成立了郯城县民众总动员委员会，高赞非被推选为主任，张云非、王秋岩任委员。随后，《动员报》复刊，庄梦生任社长，曹西飞任主编。复刊后的《动员报》，重点宣传持久抗战思想和中国必胜的道理，宣传坚持统一战线，反对对日妥协投降，反对分裂倒退，号召民众拥军拥政，支援抗战。

1940 年，《动员报》停刊。

3.《救国报》

1938年，临郯抗日青年救国团（简称“青救团”）县团部由临沂县三重村（今属罗庄区）转移到涌泉村（今属兰陵县）。为了进一步鼓舞青年参加抗战，县团部酝酿创办一份报纸，广泛传播胜利消息，交流工作情况和经验。

1939年10月初，青救团县团部主任丁梦孙和秘书长王永福召开会议，确定了办报方针，落实了具体筹备工作。为便于扩大发行，决定报纸定名为《救国报》。报头由丁梦孙题写，落款假冒“李宗仁题”（李宗仁当时是国民党第五战区司令长官），出版单位则标注“第五战区民众总动员委员会临郯抗日青年救国团”，还决定在创刊的前3期上刊登一些作东北军工作的报道。王永福、马培卿、赵斌等同志以青救团联络秘书的名义去东北军做工作，供给稿子。发行工作主要是分送各区团部，由区团部发行到村团和当地有关单位。1939年10月10日，《救国报》创刊，8开2版，油印，五日刊。

1940年春节前夕，以八路军一一五师东进支队为主力的苏鲁边区抗日军民，胜利地进行了反“扫荡”战斗。《救国报》在反“扫荡”中坚持出版，及时刊登战斗中的胜利消息，鼓舞军民士气。战斗结束后，青救团在涌泉村召开大会，追悼英勇牺牲的白溥泉、赵斌等8位烈士，报纸为此出了专刊。此后，苏鲁边区进入了建设抗日民主政府的新阶段，临沂、郯城、邳县抗日民主政府相继成立，县各救会也随之成立，临郯抗日青年救国团作为一个综合性的抗日民众团体，已完成历史使命，宣布解散。1940年4月，《救国报》停刊。

4.《动员》《新山东报》

1939年7月，在山东分局领导下，省立第四联合中学校长李澄之和部分进步师生，联络了一批进步分子及开明人士，创建了鲁南国民抗敌协会（1940年改称“中国国民党抗敌同志协会山东分会”），李澄之为主任。同年9月，鲁南民众总动员委员会（1940年改称“山东省民众总动员委员会”）也宣告成立。在这两会宣传部的共同主持下，《动员》半月刊创刊。该刊为16开油印本，内容主要是反映两会在根据地开展的各项活动。

为了适应形势发展的需要，在山东分局和大众日报社的帮助下，两会以《动员》半月刊为基础，创办了《新山东报》，作为其机关报。

1940年4月，《新山东报》在沂南县孙祖镇匣石村正式创刊，主要读者对象是社会上的中上层人士和广大知识分子，在全省范围内发行，杨希文、张立吾、刘导生先后担任社长，刘惠吾、马民先后任总编辑。该报在1941年冬的大“扫荡”之前为石印，4开4版，三日刊，中间曾一度改为铅印。大“扫荡”结束后，恢复石印，改为周刊，每期发行1500—3000份。该报共有四个版面：一版为社论和本省新闻，社论主要由社长和抗敌协会、动员委员会领导人撰写，本省新闻大部分由记者采访撰写，也有些是各地通讯员来稿；二版为国内新闻和专论，国内新闻主要采用新华社电讯稿，专论主要由特邀撰稿人撰写，山东分局、省临时参议会、战工会以及省动员委员会、抗敌协会省会部与各分部负责人，大多是特邀撰稿人；三版为国际新闻和国际时事述评；四版为文艺副刊，刊登省妇救会、青救会主编的不定期专刊，以及新文字讲座。

后来，《新山东报》进行了改版，由报纸改成了期刊，社长改为田佩之，总编辑为周文源。

《新山东报》的宣传重点是在中国共产党的领导下，发动群众，巩固、扩大抗日民族统一战线，主要内容是要求国民党真诚与共产党合作，实行民主政治，采取进步措施，广泛发动群众，坚持抗战到底。改为期刊后，新闻报道采用要闻简报、时事综述的形式，内容多偏重于以干部和广大知识分子为对象的时事政策学习资料。

1942年4月，经山东分局与两会领导干部研究，决定将两会干部转到政府、财经、文教部门工作，两会活动停止，《新山东报》也于1943年春停刊。

5.《群众报》（沂山）

1946年3月5日，沂山抗联主办的《群众报》在沂山区创刊。1943年，鲁中区党委开辟了沂山区抗日根据地，1945年到1946年上半年，沂山区成为鲁中行署的第三专署，下辖沂北、莒沂、临朐、安丘、昌乐、益都、潍安。该报8开4版，石印，五日刊，由沂山抗联群众报社出版，社长刘健。1947年7月，因根据地实行精简节约而停刊。

第二章　沂蒙革命根据地的图书出版

沂蒙革命根据地的图书出版，早期主要是由各出版社、报社负责，党政机关、部队、群众团体，也可以自行翻印、编印图书。在山东新华书店正式成立之前，大众日报社在沂蒙革命根据地的图书出版中起主导作用，一些专门的出版社，如山东文化出版社、大众印书馆等，都归大众日报社领导或最终并入大众日报社。1944 年 7 月，山东新华书店正式成立后，逐渐承担起沂蒙革命根据地乃至整个山东革命根据地的图书出版任务。根据 2025 年 1 月的统计数据，沂蒙革命根据地出版的图书有 1840 余种，而山东（华东）新华书店及其在沂蒙革命根据地的各分店出版的图书就有 1100 余种，占比将近 60%。

第一节　出版社的图书出版

随着沂蒙革命根据地敌后抗战形势的迅速发展，图书出版需要一个正式的出版机构进行领导。于是，山东文化出版社和大众印书馆等专门的图书出版机构相继诞生，这两个机构都与大众日报社有着直接联系，大众印书馆最终并入了大众日报社，成为大众日报社秘书处的出版股。1943 年 7 月，大众日报社成立了出版科，对外称“山东新华书店”，专门负责图书的出版发行。1944 年 7 月，山东新华书店正式成立，从大众日报社分离出来，成为专门的图书出版发行机构。

一、山东文化出版社的图书出版

1940年4月，山东各界文化教育宣传工作座谈会召开，重点讨论了教育教材和通俗读物的出版与供给等问题，决定成立山东文化教育出版社（通称“山东文化出版社”），选举李澄之、杨希文、孙陶林、张笠吾、张伯秋、刘子超、耿光波、仲星帆等9人为理事。这对有计划地开展与领导山东文化出版事业来说，是一个创举。

随后，山东文化出版社在沂南县孙祖村成立，社长刘导生。该社附属于大众日报社，同报社一起生活，受山东分局宣传部领导，可以说是沂蒙革命根据地最早的图书出版机构。该社实际上相当于一个编辑部，只负责编辑，印刷、发行分别由大众日报印刷厂和大众日报社发行部负责。

山东文化出版社是适应新民主主义文化教育运动（简称“新文化运动”）而成立的，其主要任务是编辑出版符合大众阅读的通俗读物以及根据地所急需的群众识字课本、小学课本及各种抗战知识小丛书。当时，沂蒙革命根据地抗日民主政权及工、农、青、妇各种群众团体纷纷建立，为了加强政策宣传，组织人民群众，普及文化教育，根据地开展了新文化运动，并通过冬学形式，对群众进行扫盲教育。

山东文化出版社根据形势需要，编辑出版了群众团体及人民武装所需要的主要读本，包括《识字课本》《抗战道理》《职工会读本》《青救会读本》《怎样办农救会》《抗日自卫团读本》《怎样办合作社》等7种（表1）。其中，《抗战道理》一书由李向群编写，主要阐述了毛泽东《论持久战》的理论，结构简洁，文字通俗，成为当时各群众团体、抗日小学以及夜校普遍采用的政治课本，先后印过3版，影响极大。该社编印的小学课本，主要根据国民教育的原则综合编制，配以精致插图，是当时沂蒙革命根据地小学教育的优秀读物。

山东文化出版社出版的图书			
序　号	题　名	著　者	出版时间
1	抗日自卫团读本		1940 年
2	抗战道理	李向群编	1940 年
3	青救会读本		1940 年
4	识字课本		1940 年
5	怎样办合作社	孙衷文编	1940 年
6	怎样办农救会	刘导生编	1940 年
7	职工会读本	李向群编	1940 年

表 1:《山东文化出版社出版的图书》

1940 年 7、8 月间，山东省各界联合大会在沂南县青驼寺召开，该社人员在会议期间做大会记录，搜集材料，帮助出会刊，编写读物，发挥了很大作用。

1940 年 12 月 7 日，山东分局决定，将山东文化出版社改为大众印书馆。

二、大众印书馆的图书出版

随着山东敌后抗战形势的发展和印刷条件的改善，山东分局决定，实行报纸书刊的统一领导，将山东文化出版社改名为“大众印书馆”，专门负责根据地的图书出版工作。

根据山东分局下发的《关于宣教工作的指示》，大众印书馆于 1940 年 12 月 7 日正式成立，专门负责图书出版。大众印书馆附设在大众日报社内部，由大众日报社管理委员会统一领导，其任务是“发展出版事业，在文化战线上粉碎敌人”。大众印书馆设立了董事会，由山东分局宣传部长李竹如兼任董事长，大众日报社秘书长仲星帆任副董事长，开始有计划地翻印出版马列著作和时政、文化类读物。

大众印书馆是山东抗日根据地比较完备和有相当规模的出版印刷单位，有自己独立的编辑部、经营科、材料科、印刷出版科，以及铅印厂和石印厂两个印刷厂。编辑部由山东文化出版社合并而来，编辑部长为贺致平，副部长为李向群。编辑部下设通俗读物组和小学课本组两个组，分别由吴建、洪林任组长。为配合大众印书馆的图书发行，原大众日报社营业部和印刷部合并成立经理部，专门负责书报出版发行工作，李辛夫任部长，刘力子任副部长。

大众印书馆除了编辑出版通俗读物和识字课本外，还翻印、编辑出版了《联共（布）党史简明教程》《马恩列斯毛论共产党》《唯物论辩证法研究提纲》《中国现代革命运动史》《哲学选辑》《怎样做一个共产党员》《职工读本》等政治理论读物和一些供干部学习的文件。

大众印书馆还在1941年3月出版了《联合大会特刊》（图1）。该特刊的全名是《山东省国大代表试选复选大会、山东省临时参议会成立大会、山东工农青妇女各界代表大会、山东省总动员委员会成立大会联合大会特刊》，434页，32开，铅印，收录了范明枢议长的开幕词以及朱瑞《从国际到山东》、黎玉《论山东目前投降与反投降的斗争》等山东党组织领导人在开幕典礼上的讲话稿和大会会歌、日程、讲演、工作报告、通电、决议、宣言、贺信、来电、评论、誓词、组织章程、纲领等各类文稿80多篇，全面汇集了联合大会文件，记载了大会召开盛况，具有极其重要的史料价值。

图1：《联合大会特刊》

大众印书馆出版的图书，现存有11种（表2）。

大众印书馆出版的部分图书			
序　号	题　名	著　者	出版时间
1	唯物论辩证法研究提纲	艾思奇编	1940 年 12 月
2	两个策略	（苏）列宁著	1940 年
3	识字课本	艾思奇编	1940 年
4	苏联共产党（布）历史简明教程		1940 年
5	联合大会特刊	联合大会宣教委员会编	1941 年 3 月
6	联共（布）党史简明教程		1941 年
7	马恩列斯毛论共产党	解放社编	1941 年
8	哲学选辑	艾思奇编	1941 年
9	职工读本	大众印书馆编	1941 年
10	中国现代革命运动史（上册）	中国现代史研究委员会编	1941 年
11	怎样做一个共产党员	陈云等著	1942 年

表 2:《大众印书馆出版的部分图书》

1941 年底，在日军的“扫荡”中，大众印书馆遭到重创。1942 年 4 月，沂蒙革命根据地进入最艰苦的时期，面积不断缩小，物资供应紧张。为了集中人力、物力、财力办好《大众日报》，山东分局按照中共中央关于精兵简政的精神，决定将大众印书馆与大众日报社合并，在大众日报社秘书处下成立出版股，负责图书的出版工作。同时，将原大众印书馆的编辑部划归山东省战工会领导，成立战工会教育处编审科，主要负责编辑小学课本、冬学教材，并出版刊物《教师之友》。另外，从大众印书馆抽调一部分同志到山东省文协，编辑《山东文化》《儿童之友》等刊物。

三、山东新华书店的图书出版

山东新华书店是沂蒙革命根据地最主要的图书出版发行机构。根据2025年1月的统计数据，现存沂蒙革命根据地在1938—1949年之间出版的红色图书有1840余种，而山东新华书店及其在沂蒙革命根据地内的各分店出版的图书，就有1100余种，占绝对主导地位。

1943年7月，大众日报社成立了出版科，对外称作“山东新华书店”，负责图书的出版发行工作。1944年7月6日，山东新华书店在莒南县后净埠子村举行了成立大会，山东新华书店正式作为一个实体，从大众日报社分离出来单独经营，成为一个集编、印、发于一体的出版发行机构。1945年1月，山东新华书店改称“山东新华书店总店”，实行企业化管理，并增设了内部机构，全面担负起了山东红色图书的编辑、出版、印刷、发行任务。1948年7月，山东新华书店总店更名为“华东新华书店总店”，华东局南下迁至上海后，留在山东的部分，1949年6月1日起又改称“山东新华书店总店”。

编印、翻印图书是山东新华书店的主要业务。为了扩大书稿来源，山东新华书店在《大众日报》上刊登过两则启事：一则是交换出版物启事，表示愿与各战略区报社、书店、出版社相互交换出版物；一则是征收稿件启事，面向全社会征集稿件。

山东新华书店总店翻印的图书，主要来自陕甘宁边区、太岳、太行以及晋察冀、东北解放区等地。翻印形式主要是从各地搜集样书，然后根据样书重新排版印刷。山东新华书店各区分店，则主要是翻印山东新华书店总店出版的图书。山东新华书店翻印最有名的当属“生产运动丛书”。1942年，中共中央统一部署，从上而下开展了一场轰轰烈烈的大生产运动，涌现出了一大批生产方面的英雄模范人物，并编印了一系列介绍生产经验、宣传劳动英雄事迹的图书，比较有名的是“陕甘宁边区生产运动丛书”。山东新华书店对这套丛书进行编辑、翻印，取名为“生产运动丛书”，胶东新华书店和渤海新华书店又分别再次进行翻印出版。山东新华书店出版的“生产运动丛书”，目前所知有 30 余种，其中第 35 种为《介绍南区合作社》。

山东新华书店出版的图书，种类繁多，品种齐全，既有翻印的图书，又有自主编印的图书，包括马列主义著作、领袖著作、政治、经济、文学、艺术、历史、医学、自然科学等各个门类。山东新华书店的出书范围很广，但同时又有一定的针对性，如将出版对象分为高级干部、一般干部、知识分子和工农群众等几个群体，并根据各自的特点有计划地出书。比如，针对高级干部的需要，主要是翻印马列主义著作、领袖著作、中央政策文件汇编、各根据地解放区先进工作经验等；为适应一般干部和知识分子的需要，出版了基层干部读本以及“新华小文库”“文艺创作丛书”等，还大量翻译出版了一批苏联文学作品；为适应工农群众开展大生产运动和农村文化运动的需要，编辑出版了“通俗文库”“通俗读物”“文学丛刊”“大众文库”“解放文艺丛书”等系列丛书。其中，1946 年 7 月开始编辑出版的“大众文库”系列丛书，内容包含群众喜闻乐见的多个门类，约有 105 种，是一套真正受群众喜欢的通俗大众文库。

山东新华书店在沂蒙革命根据地范围内的分店包括鲁中新华书店、鲁南新华书店、滨海新华书店、鲁中南新华书店。由于离山东新华书店总店较近，这些书店自主出版的图书数量相对较少，主要以图书发行为主。

1. 鲁中新华书店

1945 年 9 月，鲁中新华书店在莱芜县成立，其前身是鲁中日报社出版股。1946 年春，鲁中新华书店迁到博山县城，并建立了门市。1948 年 1 月，鲁中新华书店撤销。

鲁中新华书店出版的图书现存有 30 余种，包括《春节文娱》《大后方生活相》《论领导方法》《农村文娱》《农民文化应用课本》《晴天传》《十二把镰刀》《杨家湾小学在摸索试验中成长》《变工互助经验介绍》等。

2. 鲁南新华书店

1945 年 4 月，鲁南新华书店在费县成立，1945 年 9 月，迁到滕县。1947 年 11 月，鲁南新华书店撤销。

鲁南新华书店原隶属于鲁南时报社，以发行为主，出版的图书不多，现存仅有《新民主主义论》《整风课本》《中共土地政策研究》《“东北”是东北人民的东北》《时事两面观》等几种。

3. 滨海新华书店

1945 年 8 月 28 日，滨海新华书店在莒南县十字路镇正式成立。临沂城解放后，山东新华书店总店迁往临沂城，将隶属滨海区的一切业务移交给滨海新华书店，原滨海区的各支店也归其领导。

滨海新华书店最初隶属于滨海农村社，主要是出版、销售图书，兼营印刷、文具、中药、卷烟等业务。

滨海新华书店出版的图书也比较少，现存仅有《中国共产党党章》《中国共产党党章及关于修改党章的报告》《朱总司令的故事》《翻身灭蒋》《老区半老区怎样进行土改整党》《人间地狱》《日出天晴》《苏联介绍》等几种。

4. 鲁中南新华书店

1948 年 9 月，鲁中南新华书店在沂水县成立。1948 年 11 月，书店迁到临沂城北大街原山东新华书店驻地，下设业务科、支店科、财务科和总务科，归鲁中南行署领导。后来，鲁中南新华书店改为“山东新华书店鲁中南分店”。1950 年 1 月，书店迁往曲阜，不久撤销。

鲁中南新华书店以发行为主，出版图书较少，现存仅有《中国共产党党章》《恩格斯的故事》《家庭小常识》《毛泽东同志儿童时代、青年时代与初期革命活动（初稿）》《小二黑结婚鼓词》《新编短篇鼓词》《写话教学法》等几种。

第二节　报社的图书出版

1938年，沂蒙革命根据地建立之后，开始建立报社。报社在出版报纸、刊物的同时，也承担起出版图书的任务。如大众日报社、鲁中大众社、滨海农村社、鲁南时报社、前卫报社、山东画报社、华东画报社、鲁中日报社、山东妇女社等，都曾或多或少地出版过图书。

一、大众日报社的图书出版

1939年1月1日，《大众日报》创刊，大众日报社宣告正式成立，刘导生为第一任社长。大众日报社不仅是沂蒙革命根据地最主要的新闻出版单位，也是重要的图书出版单位。

1938年6月，早在大众日报社成立之前，苏鲁豫皖边区省委就命宣传部宣传科长于一川率先建立了印刷所，印刷了《论持久战》《抗日民族统一战线》《论新阶段》等小册子。1938年9月，苏鲁豫皖边区省委创办的综合性刊物《大众》半月刊正式创刊，大众社成立。《大众》半月刊的印刷任务，就由印刷所来负责。《大众日报》创刊后，大众社并入大众日报社，并继续以大众社的名义出版图书。根据1941年5月4日《大众日报》报道记载，大众社1939年出书23种，1940年出书37种，共计60种。大众日报社出版的图书数量较多，据1943年1月3日《大众日报》刊登的《大众日报四年来的奋斗》一文记载，大众日报社成立四周年时，共计出版图书188种72万册。目前现存以大众日报社名义出版的图书有93种。

1943年7月，大众日报社成立了出版科，负责图书的编辑业务，对外以山东新华书店的名义开展图书的出版与发行工作。不过，此时的山东新华书店只有名称，没有书店组织机构和独立的实体门店。现存1943年以山东新华书店名义出版的图书是《中国共产党与中华民族》（图2）。该书是“抗战文献之一”，36页，32开，铅印，正文收录了《解放日报》的《中国共产党与中华民族：为中共二十二周年纪念而作》、王稼祥的《中国共产党与中华民族解放的道路：纪念共产党二十二周年与抗战六周年》以及《解放日报》社论《没有共产党，就没有中国》3篇文章，附件包括《国共两党抗战成绩的比较》《中国共产党抗击的全部伪军概况》2篇文章，资料翔实，论证充分，具有很高的史料价值。

图2：《中国共产党与中华民族》

1944年7月6日，山东新华书店正式成立，大众日报社出版部主任刘力子兼任书店经理。大众日报社的图书编辑、出版、印刷、发行任务，基本上都交给了山东新华书店。大众日报社后来也零星编印出版过一些图书，如1946年12月由社长匡亚明翻译的《论农村工作》（图3），1947年6月由大众日报社研究部编的《论战局》等。关于大众日报社具体的图书出版情况，将在第三章第三节中进行专门介绍，此处不再赘述。

图3：《论农村工作》

二、鲁中大众社的图书出版

1944年1月，鲁中区党委决定创办《鲁中大众》，作为群众工作委员会的机关报。1944年5月1日，《鲁中大众》在沂南县隋家店村正式创刊。

1945年8月，抗日战争结束，鲁中区需要抽调大批骨干到东北支援新区工作，鲁中区党委决定将《鲁中大众》停刊，创办新的《鲁中大众》作为区党委机关报。

1945年9月，新《鲁中大众》在沂源县鲁村区舍庄创刊，于寄愚任社长，宫达非任副社长兼总编辑。鲁中大众社下设编辑科、报道科、通联科、报务科，另设秘书处、经理部。1948年2月，由于国民党军队对鲁中区进行重点进攻，鲁中区党委决定停办《鲁中大众》，将办报的人力、财力全部投入到生产救灾中。

鲁中大众社编印出版的图书不多，现存10种左右，主要是“大众丛书”“鲁中大众业务研究丛书”等时事、业务学习资料和干部教材。其中，“大众丛书”有《中国的前途》《新时期的路标》《坚持和平民主团结坚持反对内战》等，“鲁中大众业务研究丛书”包括《大众化编辑工作》等。此外，还有《论世界形势（干部时事学习材料）》《工农通讯员读本（怎样办黑板报）》《中共中央为“七七”九周年纪念宣言》《中国土地法大纲（干部学习教材）》等。

《大众化编辑工作》（图4）是“鲁中大众业务研究之一”，由鲁中大众社总编辑宫达非编写，32开，铅印，1947年3月出版。宫达非高度重视报纸的大众化编辑工作，努力推动《鲁中大众》走大众化、通俗化的群众路线。为了提高编辑们的业务水平，宫达非亲自编写了该书，用于指导日常编辑工作。书中，宫达非对地方报纸怎样写群众的思想、怎样运用大众化的语言、怎样用群众的活动来教育群众等具体问题进行解答，具有很强的针对性和可操作性。

图4:《大众化编辑工作》

三、滨海农村社的图书出版

《滨海农村》是滨海区党委机关报，其前身为滨海区党委创办于1943年冬的《滨海农村》小册子，不定期出版。为了迎接革命的新任务，1945年6月1日，滨海区党委决定将《滨海农村》小册子改为报纸，由滨海军区政治部主任赖可可兼任社长，辛纯任总编辑。《滨海农村》创办时为 8 开 2 版，石印，三日刊，1946 年 1 月 1 日改为铅印，1948 年 1 月 22 日停刊。该报的读者对象是农村干部群众，通俗化、群众化是其主要特点和风格。

滨海农村社除了出版《滨海农村》之外，还编辑出版了一些精品图书，现存有《罪恶深重的封建剥削：诸城城南区八千佃户的控诉》《翻身》《参军故事集（冬学读物）》《英雄胆》《爆炸通讯》《怎样开展兴家计划工作》《深耕细作的榜样》《宪政运动参考资料》《论联合政府鼓词》《妇女病的原因与治疗的办法》等 10 余种。

《罪恶深重的封建剥削：诸城城南区八千佃户的控诉》（图 5），由赵憎、毕庶文整理，滨海农村社编，1945—1947 年间出版，32 页，32 开，铅印。该书汇集了诸城城南区八千户佃农在进行翻身斗争中，向地主当面讲理控诉的部分内容，展现了地主对佃农的残酷剥削，体现出农民要求翻身的正义性和合理性，是研究中国共产党在农村土地改革中开展诉苦运动的珍贵资料。

图 5：《罪恶深重的封建剥削》

《翻身》，任迁乔画，滨海农村社编，出版时间不详。《翻身》是任迁乔根据“平鹰坟”事件创作的连环画，形象地揭露了莒南县大店镇地主“庄阎王”残酷剥削欺压贫苦农民的罪恶行径，歌颂了大店农民在减租减息和增加工资运动中平掉鹰坟、砸断鹰碑、与“庄阎王”展开说理斗争的正义行动。该连环画出版后，在山东革命根据地引起了强烈反响，各地纷纷翻印，出现了多个翻印版本。

图 6：《爆炸通讯》

《爆炸通讯》（图 6），滨海农村社编印，

1945 年 7 月 7 日出版，24 页，32 开，石印。该书收录了欣鱼的《大山后战斗与爆炸结合好》、陈洪的《长枪与爆炸结合的范例》《一颗黄把的手雷》《太平麻痹吃了亏》《大店地雷为什么没炸响》、景襄的《柘汪的飞行爆炸》《朱家洼子的地雷》《几种爆炸办法的创造》、任洪泽的《石埠村的备战工作》等 9 篇文章，介绍了滨海区地雷战的一些典型案例，对滨海民兵在地雷战中取得的经验进行了总结。封面是由沈锦章绘制的《地雷响处》，形象生动，色彩鲜亮。

《英雄胆》（图 7），毕庶文等著，1947 年 4 月出版，滨海新华书店发行，16 页，32 开，铅印。该书收录了毕庶文的《单永和》、姚明的《誓死不屈》、刘荣轩的《舍己为人抗蒋军》、泽民的《王经先气捉石宗达》、庄玉甫的《牢笼计》、刘继忠的《过来七名回去三个》、解甫的《好像猛虎下山岗》、野江和李信的《“恶虎”顿时变“老鼠”》、颜士连的《掩护》、纪富的《姜大娘黑夜送鞋底》等 10 篇文章。这些文章用生动的笔墨，记录了沂蒙革命根据地一些英雄模范人物的战斗、支前事迹，是研究沂蒙精神的珍贵历史资料。

图 7：《英雄胆》

《参军故事集（冬学读物）》（图 8），世宾等著，大约在 1947 年 11 月出版，滨海新华书店发行，23 页，32 开，铅印。该书共收录了世宾的《“命要革到底”！》、解甫的《未婚双妻送双夫》、杨廷谷的《爷们七个》、海波的《一个心》《“太多心”！》等具有典型性和代表性的参军小故事 10 篇，生动形象地把滨海区参军运动的伟大场面反映出来，

图 8：《参军故事集》

也成功解释了滨海区能在一个月中动员 15000 人参军的原因，是开展冬学运动的重要读物。

四、鲁南时报社的图书出版

1940 年 7 月 1 日，《鲁南时报》在费南县（今平邑县）天宝山区油篓村正式创刊，鲁南时报社正式成立。《鲁南时报》是沂蒙革命根据地影响较大的报纸之一，其办报宗旨是及时传播中共中央声音，鼓舞和指导鲁南人民的革命斗争。1948 年 2 月 15 日，《鲁南时报》宣布停刊，前后共出版 702 期。

鲁南时报社出版的图书数量较少，目前现存仅有《湖南农民运动考察报告》《整党问题基本文献》《土地改革参考材料》3 种，出版时间均为 1948 年 2 月。

五、前卫报社的图书出版

1940 年 11 月 7 日，山东纵队军政委员会机关报《前卫报》在沂南县孙祖村创刊，前卫报社正式成立。

1942 年 8 月 1 日，根据中央军委指示，八路军山东纵队改为山东军区，《前卫报》改为鲁中军区政治部机关报，由鲁中军区政治部负责出版。1947 年 8 月，国民党军队对山东解放区发动重点进攻，鲁中区成为重点交战区，《前卫报》也被迫停刊。

1948 年 10 月 10 日，《前卫报》作为鲁中南军区政治部机关报重新创刊，房干任社长。1949 年 4 月 18 日，《前卫报》的出版者改为“山东鲁中南军区政治部”，1949 年 8 月 1 日，又改为“中国人民解放军鲁中南军区政治部”。1952 年 6 月 15 日，因鲁中南军区撤销，《前卫报》出版至第 107 期停刊。

前卫报社也曾编辑出版过少量图书，现存有《联共党史参考资料》《军事参考材料之二》《运动战研究》《整风参考材料》《拥护党报月》《怎样作党报通讯员》等 6 种。

六、山东画报社、华东画报社的图书出版

1943年7月，《山东画报》在莒南县大店镇何家店子村创刊，山东画报社正式成立，隶属山东军区政治部领导，山东军区政治部宣传科长康矛召任社长兼主编。1947年3月，《山东画报》改名为《华东画报》，山东画报社随之改名为“华东画报社”。1949年3月，《华东画报》在山东境内停刊。

山东画报社出版过“山东画报文艺小丛书”和“山东画报丛刊”。“山东画报文艺小丛书”，现存有（苏）I. 顾静著、安尼译的《游击日记》（山东画报文艺小丛书之一），1943年9月出版，30页，32开，环筒页装。“山东画报丛刊”在山东画报社改为华东画报社后，改为“华东画报丛刊”，前后共出版4种，分别是《快速纵队之歼灭》（山东画报丛刊之一）（图9），1947年3月出版，华光印刷厂印刷，28页，大32开，铅印，内有反映1947年1月解放军全歼蒋军第一快速纵队战斗经过的纪实照片52幅；《生路：东线放下武器的蒋军军官介绍》（华东画报丛刊之二），1947年8月1日出版，52页，大32开，铅印，内有放下武器的蒋军军官相片、简历，以及他们在解放高级军官团里过新生活的照片56幅，另附录他们所写的墙报稿、呼吁和平反对内战的通电等，照片、文字各占一半；《孟良崮》（华东画报丛刊之三），1947年12月出版，32页，大32开，内有报道孟良崮战役全过程的新闻照片68幅，另有郝世保、屈中奕、邹健东撰写的战地通讯3篇；《国民党军官的四条道路》（华东画报丛刊之四），1949年4月1日出版，36页，大32开，书中通过生动真实的事例，体现出中国人民解放军对蒋军人员的态度、政策、主张，为国民党军官指明了四条道路：第一条是光荣起义，参加人民解放军；第二条是执行毛主席的八项和平条件，实现和平；第三条是放下

图9：《快速纵队之歼灭》

武器，享受宽大处理；第四条是坚持反动立场，逃不出人民的清算。

华东画报社还出版过连环画版的“华东画报画集”，现存 2 种，一种是《人民解放军优良传统》（华东画报画集之二），亚明画，1948 年 2 月出版，21 页，64 开；另一种是《曹文选》（华东画报画集之三），江有生画，1949 年 3 月出版，26 页，64 开。

除上述报社外，鲁中日报社出版过《整顿三风：二十二个文件》（1944 年 4 月）、《工农通讯工作》（1945 年 5 月）等，山东妇女社出版过《论妇女解放与妇女干部的修养》《妇女问题文选（第一辑）》等。

第三节　党政机关的图书出版

为了适应新民主主义文化教育事业发展的需要，沂蒙革命根据地实行了积极宽松的出版政策，鼓励党政机关、部队、群众团体自行翻印、编印图书。其中，党政机关出版的图书数量较大，按照出版机构的层级，分为省级、战略区级、县级三类。

一、省级党政机关的图书出版

1. 山东分局、华东局的图书出版

1938 年 12 月，山东分局成立，归北方局领导。1945 年 10 月 25 日，山东分局和北上的华中局合并，组成中共华东中央局（后统称“中共中央华东局”，简称“华东局”）。1949 年 3 月，华东局南下后，山东分局重新成立。

山东分局的图书出版工作主要由山东分局宣传部负责，出版内容主要是一些党内政策文件以及领导人著作单行本等。其中，署名山东分局出版或翻印的有《滨海区莒南县委关于拥军参军工作具体总结》（1944 年 5 月 30 日）、《关于对敌斗争问题》（1944 年）、《关于民主检查的几个问题：罗荣桓同志在分局办公厅民主检查座谈会上的发言》（1945 年 5 月）、《思想反省选集》(1949年)等。署名山东分局宣传部出版或翻印的有《战时领导与工作的方法方式》(1939年11月)、《中国革命战争的战略问题》(1941年)、《改造我们的学习》(1942年3月)、《巩固抗日根据地及其基本政策》(1942年)、《群众工作指南》(1942年)、《土地问题与土地政策研究》(1943年6月)、《党的路线问题选集》(1945年6月)、《政策汇编》(1949年)、《目前时事问题释疑》《彭德怀同志等论坚持平原游击战争的几个具体问题》等。此外,还有署名山东分局调查研究室编印的《调查研究手册》(1943年2月2日)、山东分局秘书处编印的《新区工作手册》(1949年5月)、山东分局农委会编印的《结束土改与整党工作参考资料》(1949年8月)、山东分局办公厅编印的《山东分局关于执行华东局整编节约方案的决定(草案)》(1949年9月30日)等。

华东局的图书出版工作主要由华东局秘书处和华东局宣传部负责,出版的主要内容是政策、文件、资料及领导人著作等。署名华东局出版的有《关于彻底实行土地改革的指示》(1946年9月)、《关于修改党章的报告:一九四五年五月十四日在中国共产党第七次全国代表大会上》(1946年11月)、《关于贯彻高干会精神及具体执行三大方案的决定》(1947年11月)、《中共中央华东局关于贯彻一九四九年华东农业生产计划的指示》(1949年2月)

图10:《怎样分析阶级》

等。华东局秘书处编印或翻印的有《怎样分析阶级》(1948年1月)(图10)、《论查田运动》(1948年1月)、《土改与整党指示选辑》(1948年3月)、《关于各级党校必读书籍文件目录》(1948年10月)、《城市政策》(1948年)等。华东局宣传部编印或翻印的有《停战协定颁布后时事问题解说》(1946年)、《群运手册》(1947年)、《中央政府关于土地斗争中一些问题的决定》(1948年2月)、《毛泽东论时局》《宣教工作指南》《宣教工作参考文件》等。此外，华东局组织部还编印过《组织工作汇编》等。

2. 山东省战时工作推行委员会、山东省战时行政委员会的图书出版

1940 年 8 月 1 日，山东省临时参议会选举产生了全省统一的行政权力机关——山东省战时工作推行委员会（简称“战工会”）。1942 年 2 月，山东分局决定将大众印书馆的编辑部划归战工会领导，成立战工会教育处编审科，张立吾、李向群先后任科长。编审科下设教材组、通俗读物组、会刊组，其主要任务是编辑出版小学课本、冬学教材及通俗读物，同时编辑出版《教师之友》杂志。1943 年春节，编审科正式并入省文协编辑部，1944 年春，恢复为山东省战时行政委员会教育处编审科，职责不变。

山东省战时工作推行委员会出版或翻印的图书，有《山东省战时工作推行委员会关于响应山东分局建设山东抗日根据地十项建设运动号召的决定：[秘字二十三号]》（1941 年 7 月）、《山东省清查土地登记人口暂行办法草案》（1942 年 4 月）、《修正山东省乙种公平负担暂行办法草案》（1942 年 4 月）（图 11）、《山东省战时法规政令汇编》（1942 年 4 月）、《拥军与战争动员法令》（1943 年 6 月）等。

图 11：《修正山东省乙种公平负担暂行办法草案》

1943 年 9 月 10 日，山东省战时工作推行委员会改名为“山东省战时行政委员会”（简称“山东省行政委员会”或“政委会”）。山东省行政委员会出版的图书有《土地政策》（1943 年）、《拥军组参考材料》（1943 年）、《领导组参考材料》（1943 年）、《生产组参考资料》（1943 年）、《山东省战时行政委员会为准备反攻开展拥军运动的指示》（1944 年）、《山东过去对敌经济斗争的认识与今后斗争的新阶段》（1945 年 8 月）等。

3. 山东省政府、山东省人民政府的图书出版

1945 年 8 月，山东省战时行政委员会改为“山东省政府”，黎玉任主

席，驻地在莒南县大店镇。1945 年 9 月，山东省政府移驻临沂城。

山东省政府编印出版的图书，有《土地政策》（1945 年 11 月）、《全省农林合作会议总结报告农林部分》（1946 年）、《北海银行代理山东省金库暨地方金库办事细则》（1948 年 11 月）、《山东解放区征收进出口税暂行条例、山东解放区进出口贸易管理暂行办法》（1948 年 12 月）等。山东省政府秘书处也编印了不少图书，如《法令汇编》（1945 年 12 月）、《山东省战时法规政令汇编》（1946 年 1 月）、《山东省战时工作推行委员会时期战时法规政令汇编》（1946 年）等。

1949 年 3 月初，山东省政府迁至济南。3 月底，山东省政府改称“山东省人民政府”。山东省人民政府编印或出版的图书，有《华东区地方党政军民武学校机关团体供给标准》（1949 年 4 月）、《论人民民主专政》（1949 年 7 月）、《干部学习文件》（1949 年 7 月）等。此外，山东省人民政府实业厅还编印了《怎样防除小麦腥黑穗病》（1949 年 6 月）等。

二、各战略区党政机关的图书出版

1. 鲁中区党政机关的图书出版

鲁中区党政机关的图书出版，主要由鲁中区党委宣传部负责。鲁中区党委宣传部出版的图书有《续论共产党员的修养》（1940 年）、《目前形势与问题》（1945 年）、《紧急动员起来迎接神圣的自卫战争》（1946 年 8 月 25 日）、《中央目前时局指示》（1946 年）、《人的阶级性》（1946 年）、《目前时局与我们的任务：黎政委九月二十一日在山东军区直属队干部会上的报告》（1946 年）、《阶级教材之一》（1947 年 12 月）、《目前时局》（1947 年）、《收复区宣传要点》（1947 年）、《爱护干部与改造干部（区干学习材料）》（1948 年 5 月）等。此外，鲁中区行政公署出版了鲁中二届劳模大会教材《植棉经验》（1946 年）、《精耕细作》（1946 年），鲁中区税务管理局出版了《鲁中区税务贸易暂行条例》等。

2. 鲁南区党政机关的图书出版

鲁南区党政机关编印的图书相对较少，鲁南区党委编印的有《思想方法和领导方式》（1940年），鲁南区党委宣传部翻印的有《中共中央关于一九三三年两个文件的决定》，鲁南区行政专员公署编印的有《鲁南区行政专员公署关于冬学运动的指示》（1944年）等。

3. 滨海区党政机关的图书出版

滨海区党政机关编印的图书较多，其中滨海区党委编印的有《张华同志总结报告》（1944年5月）、《为高度警惕起来粉碎反动派内战阴谋告党政军民书》（1946年）等，滨海区党委宣传部出版的有《怎样认识国民党和蒋介石？》（1944年）、《党的宣传鼓动工作》（1946年）等，滨海地委编印的有《关于对蒋伪军开展拖枪逃跑运动的指示》（1947年6月）、《滨南对敌斗争中几个主要问题的初步总结》（1947年7月15日）等。滨海地委宣传部编印出版的图书有10余种，包括《群众参军教育材料》（1946年10月15日）、《迎接大反攻准备当大家（区村干部时事学习材料）》（1947年7月1日）、《如何开展收复区工作》（1947年）、《老区半老区怎样进行土改整党》《团结起来！组织起来！我们要土地，要彻底翻身！》等。

此外，还有滨海区行政公署编印的《通讯员业务教材》（1945年）、《劳动英雄大会特辑》《山东省婚姻暂行条例浅释》《山东省现行法令汇辑》《滨海区政权工作总结》等，滨海区专员公署编印的《群众除奸故事》，滨海行政公署文教处编的《翻身鼓词》（1946年7月）（图12）、《中学国文选》《青年读本》等，滨海区参议会驻委会编印的《滨海区第二届参议会大会特刊》（1946年8月）（图13）。

图12：《翻身鼓词》

图13：《滨海区第二届参议会大会特刊》

4. 鲁中南区党政机关的图书出版

鲁中南区党政机关编印的图书数量也不太多，其中鲁中南区党委编印的有《鲁中南区党委关于战争动员提纲》（1948 年 9 月 18 日）、《关于冬季农村工作指示》（1949 年）等，鲁中南区党委宣传部编印出版的有《中共中央负责人评中国军事形势》（1948 年 12 日）、《干部学习文件》（1949 年 2 月）、《干部学习补助材料》（1949 年 5 月）等。

三、县级党政机关的图书出版

县级党政机关由于条件所限，翻印、编印的图书相对较少，其中鲁中二地委翻印的有《游击战争经验介绍》（1947 年），鲁中二地委宣传部出版的有《党员基础读本》（1947 年 12 月）、《整风材料》（1947 年），鲁南一专署编印的有《群众参军教育材料》（1947 年），滨海县委宣传部编印的有《参军去》（1947 年 8 月）（图 14）、《参军材料》（1948 年 6 月）等。

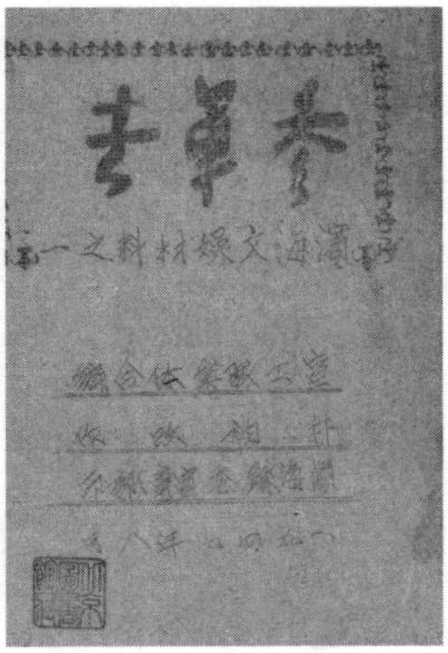

图 14：《参军去》

第四节　部队的图书出版

八路军、新四军和山东军区及各军分区在沂蒙革命根据地也出版了大量图书，宣传军队纪律政策，宣扬战斗英雄事迹，不仅调动了广大指战员的战斗积极性，还有效促进了军民团结，推动了沂蒙精神的形成。

一、八路军一一五师及山东纵队的图书出版

八路军一一五师进驻沂蒙革命根据地后，就开始编印出版图书。其中，署名八路军一一五师编印的有《小分队纵深战斗》等，一一五师政治部编印的有《战时政治工作》（1941 年 10 月）、《血战敌后的一一五师》（1942

年7月)、《整顿三风：中共中央规定必须精读的二十二个文件》(1942年7月)、《目前世界形势研究大纲》等，一一五师东进纵队第二梯队教育处翻印的有《夜间教育实施法》等，八路军山东抗日游击队第三支队第十团翻印的有《抗日游击战争的战略问题》(1940年)等，八路军山东纵队政治部出版的有《整顿三风必须研究的二十二个文件》(1942年7月)等。

二、山东军区的图书出版

山东军区的图书出版，主要是以山东军区司令部和山东军区政治部为主，其中山东军区司令部出版的有《苏联工农红军的步兵战斗条令(第一部)》(1943年6月)、《部队军事教育几个主要问题的总结》(1943年)、《增补曾胡治兵语录白话句解》(1945年1月)等，山东军区政治部出版的有《战士政治教材》(1943年3月15日)、《人民武装工作手册(第一集)》(1943年10月)、《日寇特务工作文件(宪兵实务教案)》(1944年6月)、《日寇特务工作之一斑(缴获敌人文件之汇编)》(1944年)等，山东军区司令部、政治部出版的有《山东军区司令部政治部命令》(1944年5月20日)等，山东军区政治部、宣传部出版的有《模范“小班长”陈双太》等。

三、新四军山东军区的图书出版

新四军山东军区司令部翻印、编印的有《战车装甲汽车防御法》(1946年5月)、《部队防空教范草案(军事丛书之一)》(1946年5月)、《山炮班单炮教练(炮兵丛书之一)》(1946年6月)、《战术》(1946年7月)、《炮兵教学讲义》(1946年12月)等，新四军山东军区政治部编印的有《陈双太和第四班(连环图画)》(1946年5月)、《战后中国的二条路线》(1946年8月)、《为和平民主独立而斗争：连队政治问答》(1946年)、《中国革命问题》(1946年)、《日日夜夜(通俗本)》(1947年2月)、《恐惧与无畏》(1947年2月)、《评蒋美商约》(1947年8月)、《独幕剧集》《艰苦奋斗迎接光明》《王锡岐故事(连环画)》等。此外，新四军兼山东军区党务委员会编印的有《关于部队执行新党章内几个问题的解释与初步规定草案》（1947 年 2 月）等，新四军兼山东军区第三文工团编印的有《等着你（小调剧）》等，新四军山东军区政治部文工团出版的有《淮阴之战（五幕七场历史报道剧）》（1946 年 9 月）、《音乐戏剧浅说》等。

第五节　群众团体的图书出版

一、山东省文协和各地文协的图书出版

1940 年 8 月，山东省文化界救亡协会总会（简称“山东省文协”）正式成立，是中国共产党领导下的山东文化界统一的群众文化组织，是抗日战争时期山东文化界的统领机构。山东省文协成立之后，颁布了《山东省文化界救亡协会工作纲领》（简称《工作纲领》），要求在各地普遍建立文化组织，统一推进沂蒙革命根据抗战文化运动的有序开展。《工作纲领》规定了八个方面的工作内容，其中第二个方面是广泛成立、巩固、发展各文化团体，建立并健全教员救国会、戏剧协会、文艺研究会、青年记者学会以及文化小组等文化团体。此后，鲁中、鲁南、滨海等地的文协也相继成立。

编辑出版通俗读物，是山东省文协及各地文协的一项重要任务。为了加强编辑出版工作，省文协成立了文协编辑部，大量编辑出版图书，编写各类教材，改编出版旧体文艺小说。其中，由省文协成员编撰、省文协出版的有贾霁的《地震》（1946 年 6 月），陶钝的《廉蔺交欢》等，由省文协主编、山东新华书店出版的有《农村剧团创作选集》（1946 年）、《神兵（话剧）》（1946 年）等，由省文协成员编撰、山东新华书店出版的有辛既白的《第一炮（讽刺剧）》（1944 年 9 月），贾霁的《吃地雷（独幕话剧）》（1945 年）、《农村戏剧集》（1949 年 8 月），方徨的《红日初升：写劳动英雄郑信的故事》（1946 年 8 月），遇明等的《杨清法》（1946 年 8 月），良平等的

《在山的这边》（1946 年 8 月），那沙的《屠刀下（三幕话剧）》（1946 年 10 月），白华、唐文轩的《大盖枪（小调剧）》（1949 年）等。此外，还有省文协实验剧团集体创作，贾霁、李夏执笔，山东新华书店出版的《过关（三幕剧）》（1949 年）等。

鲁中文协也编印出版了一些图书。其中，由鲁中文协编印出版的有《民校政治教材（生产运动部分）》，由鲁中文协主编、鲁中新华书店出版的有《春节文娱》（1946 年）、《大众新歌集》（1946 年）、《农村文娱（第一至四集）》（1946 年 10 月—1947 年 1 月）（图 15）等。

图 15-1：《农村文娱》

图 15-2：《农村文娱》

图 15-3：《农村文娱》

图 15-4：《农村文娱》

二、文艺团体的图书出版

除了文协以外，沂蒙革命根据地的文艺团体也曾出版过图书。在 1937 年日军入侵山东之初，沂蒙地区的学生和民先队员就组建了宣传队。随着沂蒙革命根据地的建立和发展，各类文艺团体纷纷建立，如一一五师战士剧团、抗大一分校文工团、鲁南社团、山大剧团，以及大量农村剧团和农村俱乐部。这些文艺团体，既有部队文艺团体，又有地方文艺社团；既有专业性剧团，又有群众性社团。这些文艺团体，形式多样，类型丰富，规模也有很大不同，有些比较大的剧团，内部还设有戏剧、美术、音乐、创作、总务等小组，能够独立创作高水平的剧本，甚至将这些剧本出版，以便迅速在根据地进行推广。这些文艺团体将艺术表现形式与抗敌宣传紧密结合在一起，成为推动沂蒙革命根据地文化发展的重要力量。当时，剧团、文工团、宣传队等遍布沂蒙革命根据地，在动员群众参军拥军、传播抗战文化、改变农村文化面貌、丰富农民文化生活等方面，发挥了重要作用。

由剧团出版的图书，目前存量最多的是山大剧团。1945 年 8 月 22 日，山东省政府作出决定，在临沂创办山东大学，为了与国立山东大学相区别，称作“临沂山东大学”，李澄之任校长，田佩之任副校长。1946 年初，华中建设大学并入进来之后，学校的师资力量得到充实，规模有所扩大，设立了政治、经济、教育、文艺 4 个系。其中文艺系于 1946 年春正式开学，对外称作“山大剧团”，系主任是李仲融。1947 年，在国民党军队对山东解放区进行重点进攻时，山大剧团不仅经常到前线为广大指战员慰问演出，还深入农村为群众演出，受到当地群众的热烈欢迎。山大剧团所到之处，总能引起全村轰动，群众都会兴高采烈地呼喊：“我们的剧团来了！”

山大剧团是一个坚强地战斗集体，学生主要是从新解放区招收的高中文化水平的青年，还有从山东军区文艺工作三团调来的十多个业务骨干，业务上有戏剧、音乐、创作、表演等方面的内行指导，生活上实行军事化管理，是一支活跃在文艺战线上的战斗队伍。以山大剧团名义出版的图书有山大剧团编的《剧作讲话》，超武（傅超武）著的《英雄好汉（四幕话剧）》《血海冤仇（五幕剧）》《美人计》等。

《英雄好汉（四幕话剧）》（图 16），1946 年 5 月 5 日出版，57 页，32 开，油印。该话剧是根据英雄丁维修的真实故事改编而成，剧中没有用丁维修的真名，而是改成了丁铁修。作者傅超武在前言《几句话》里称：“以此剧，献给为人民英故的烈士，和活着的英雄好汉们！”

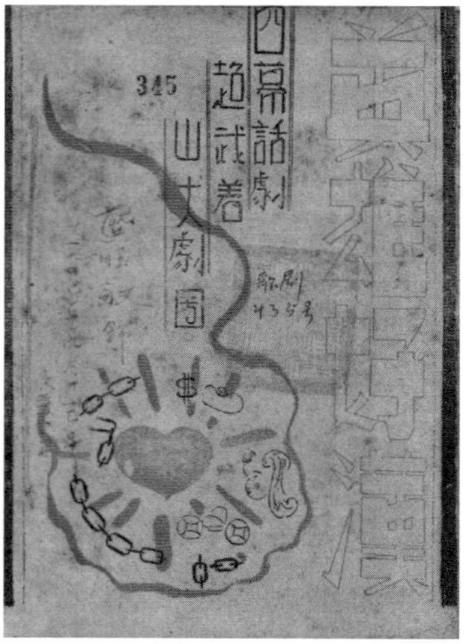

图 16：《英雄好汉》

三、其他群众团体的图书出版

除文协和文艺团队出版过图书，其他诸如工会、妇联、青联、抗联等群众团体，也出版过一些图书。如山东省总工会编印的《工会工作资料》（1949 年 8 月）、《工运文集》，山东省妇联总会编印的《山东解放区的妇女》（1946 年 3 月）、《亚洲妇女代表会议参考材料》，华东妇联筹委会出版的《中国共产党中央委员会关于目前解放区农村妇女工作的决定》（1948 年 12 月），山东青年救国联合总会出版的《纪念二十七届国际青年节特辑》（1941 年），鲁中抗联宣传部编印的《论群众路线》（1945 年），等等。

第三章　大众日报社的出版与发行

在沂蒙革命根据地图书和报刊的出版发行上，大众日报社以及在其基础上成立的山东新华书店，都发挥着极为关键的作用。因此，本书分别设立了专门的章节进行详细介绍。

《大众日报》自 1939 年 1 月 1 日创刊至今，已连续出版 86 年，是迄今为止，中国共产党创办的报纸中时间最长、刊期最多的党报。作为山东分局机关报、华东局机关报、山东省委机关报，《大众日报》自诞生之日起，就在山东新闻出版史上占据了核心地位，其成长发展史，也是山东党组织领导人民群众争取民族独立解放以及走向民族复兴的战斗史、创业史、进步史。

第一节　《大众日报》的创刊与早期发展

《大众日报》从创刊之日起，就始终坚持“党的立场，群众的报纸”的办报宗旨，践行“从群众中来，到群众中去”的工作方法，把坚持党性原则、坚持正确政治方向放在第一位，在不同历史时期都起到了坚定立场和指引方向的作用，为鼓舞大众、团结大众、服务大众作出了重要贡献。《大众日报》第一任总编辑匡亚明早在报纸创刊之初，就将英文版《列宁的生活》中有关介绍列宁办报经验和主张的文章翻译出来，以《列宁和火花报》为标题，刊登在《大众日报》上，连载 4 期，并将列宁有关党报的著名论断“报纸不仅是集体的宣传员和集体的鼓动员，而且是集体的组织者”用以指导办报，使《大众日报》自创刊时起，就成为党的喉舌。

在1939—1949年的短短11年里，大众日报社工作人员一手握笔、一手拿枪，冒着枪林弹雨，宣传党的路线方针政策，充分发挥了党报指引方向、凝聚人心、汇聚力量、鼓舞斗志的关键作用。为了守护和捍卫这份珍贵的党报，有578名报社人员献出了年轻而宝贵的生命，这在世界新闻史上也是极其罕见的。

一、筹备与创刊

1938年5月21日，山东省委在泰安南上庄召开会议，讨论了《发展和坚持山东游击战争的战略计划》，决定创办一张全省性的报纸，大力开展党的宣传工作。会议通过孙陶林任省委宣传部长，随后任命于一川为宣传部宣传科长，先行筹建印刷所。6月，于一川、黄仲华等在蒙阴县蒙山天马场的吕祖庙里，建起了简易的印刷所，于一川任印刷所所长兼政治指导员。印刷所从泰安私人印刷局买来了一部脚蹬圆盘印刷机和半盘铅字，印制了山东抗日军政干部学校招生简章和一些宣传小册子。

南上庄会议后不久，山东省委扩建为苏鲁豫皖边区省委，并于8月28日进驻沂水县岸堤村，开始积极筹办省委机关报，印刷所也随之搬迁到了岸堤村北5里的小峪庄。在省委的关怀下，印刷所从济南、泰安请来了一批熟练的技术工人，人员由7人发展到了25人，并从济南买来一部4开手摇铅印机和一部分老五号宋体铅字以及部分二号、四号标题字，印刷了《统一战线》《论持久战》等图书，以及省委创办的时事政治综合刊物——《大众》半月刊。

10月，日军进攻蒙阴城，省委迁到距岸堤以北60里的沂水县夏蔚镇王庄村，印刷所则搬迁至距王庄村8里的云头峪，并于11月正式定名为“大众日报印刷厂”，于一川任厂长，下设工务股、校对股、总务股3个股，全厂共计30余人。

省委迁驻王庄村后，即任命刘导生为社长，匡亚明为总编辑，在王庄村设立《大众日报》筹备处，正式开始创办报纸。《大众日报》的报名，最早是匡亚明提出的，他认为这份报纸的办报宗旨是“立足于大众，大众办，大众看”，所以建议叫《大众日报》。时任省委书记的郭洪涛非常赞同这一建议，说：“很好，就叫《大众日报》吧，名副其实为人民大众服务。”

省委高度重视《大众日报》的创刊工作。1938 年 3 月，沂水县黄山铺岳庄村曾出版过一个由当地进步青年创办的油印小报《民声报》，三日刊，积极宣传抗日救亡活动，在青年学生和知识界中颇有影响，后来被国民政府勒令停刊。7 月 7 日，在共产党员张友渔的支持下，《民声报》更名为《青年报》，重新出版。10 月，省委宣传部长孙陶林亲自动员《青年报》的全体人员到省委去办报，省委书记郭洪涛也亲自召集他们开会，欢迎他们参加《大众日报》的创办筹备工作。于是，《青年报》的 10 名成员，李戴、刘力子、马民、安然、刘承塾、张惠、张熙修、牛铁民、李树德、段宝炼等，携带着《青年报》的全部家当参加到《大众日报》的创刊工作中。此外，省委书记郭洪涛还将自己从延安带来的两部电台分了一部给报社，并给报社配备了报务员和译电员，还从山东抗日军政干部学校（又称“岸堤干校”）抽调了十几名青年干部来报社工作。不到两个月的时间，大众日报社就组建了编辑部、营业室、电务室，加上搬到云头峪的印刷厂，共有 65 人，已经具备了出报条件。

1938 年 12 月 25 日，苏鲁豫皖边区省委改为山东分局。1939 年 1 月 1 日，《大众日报》（图 1）作为山东分局机关报，正式创刊。

在创刊之前，省委书记郭洪涛与社长刘导生、

大衆日報

图 1–1：《大众日报》创刊号原版

大衆日報

發刊詞

图 1–2：《大众日报》创刊号 1960 年重排版

总编辑匡亚明一起，归纳了《大众日报》的性质："这是个党的报纸，代表山东分局的机关报；这是一个统一战线的报纸，一切消息、言论等都要考虑到有利于统一战线；这是群众性的报纸，要广泛发动群众。"[①] 自此，"党的立场，群众的报纸"，就成为《大众日报》的办报宗旨。

《大众日报》的创刊号，从设计到印刷都相当精美，代表了当时山东抗日根据地报纸印刷的最高水平。报头横排居中，由编辑室主任马民书写，工人张钊木刻，大气磅礴。报头右侧，是抗战第二阶段的口号"坚持抗战，克服困难，准备进攻"，铅印竖排，简洁醒目。创刊号共有四个版面：一版为社论和本地要闻；二版为国内新闻；三版为国际新闻；四版为专版和副刊。头版头条文章，是《应该警惕的二十八年的第一天》。头版的中心位置，是总编辑匡亚明撰写的《发刊词》，阐明了创办报纸的信念及原则："为大众服务，成为他们精神上的必要因素之一，成为他们自己的喉舌，更成为他们所热烈支持的最公正的舆论机关。"头版还附有两则启事：一则是编辑室发布的《本报启事》，说明由于印刷机关还没有完全整理和补充起来，报纸暂时出三日刊，争取不久成为二日刊以至日刊；一则是《青年报社紧要启事》，说明青年报社全体人员已参加大众日报社工作，《青年报》没有来得及出终刊号，向读者致歉，订阅未满之数由大众日报社补发。

创刊号是在云头峪的印刷厂里印刷的，原计划一、四版印红色，二、三版印黑色，但红色油墨质量差，加之天冷容易糊字，印百十份就要停机刷板，影响了印刷速度。为了按时完成印刷任务，经报社领导同意，在印刷完 2000 份后，剩下的 2000 份改为四版全部黑色印刷。

1939 年元旦清晨五点，4000 份[②] 创刊号终于完成印刷，《大众日报》在红色的沂蒙大地上宣告诞生，开启了山东报刊出版的新开端、新纪元。

---

① 于岸青：《我以我血著华章：〈大众日报〉在沂蒙》，山东人民出版社，2021 年 8 月，第 12 页。

② 关于《大众日报》创刊号的印量，一说为 2000 份，依据为《大众日报》1998 年 12 月 1 日刊登的《老房东的祝愿》一文。

2021年,《大众日报》创刊号入选“山东省珍贵革命历史档案文献遗产名录”。

二、在战斗中坚持出版

1939—1942年是沂蒙革命根据地最艰苦的时期，但是，在山东分局主要领导人的全力支持下，在报社工作人员的共同努力下,《大众日报》仍然克服一切困难坚持出版，将党的声音和战争进展情况及时地传播出去，从而坚定了广大军民的抗战信心。在敌人频繁“扫荡”时，不能出铅印报，就出石印报、油印报；不能出4开4版，就出4开2版或8开、16开的小型报纸。不管敌人多么凶残，始终不能打垮报社，不能摧毁一个印刷厂，更不阻止报纸的出版。

《大众日报》能够坚持出版，离不开中共中央以及山东分局主要领导人的关怀和支持。《大众日报》创刊一周年时，毛泽东亲自为报纸题词，并通过电报形式从延安发过来。这篇题词，刊登在1940年1月1日《大众日报一周年纪念特刊》的头版中心位置，名为《毛泽东先生为大众日报周年纪念题词》，内容为：“动员报纸，刊物，学校，宣传团体，文化艺术团体，军队政治机关，民众团体，及其他一切可能力量，以提高民族觉悟，发扬民族自信心，与自尊心，反对任何投降妥协的企图，坚持抗战到底，不怕困难，不怕牺牲，我们一定要自由，我们一定要胜利。”这份跨越千里的祝福与指导，充分体现了党中央对《大众日报》的肯定与关怀，也进一步指明了报纸的立场，让报社人员乃至所有读者都受到强烈鼓舞。此后,《大众日报》继续坚持“为大众服务”的初心，克服各种困难坚持出版，传播党的声音，进行军事宣传，组织发动群众，不仅成为凝聚党心民心、指引前进方向的一面旗帜，更是成为打击敌人的一颗“文化炸弹”。

1940年1月20日，北方局下发《对山东工作的意见》，进一步明确了《大众日报》的性质是山东分局机关报，办报任务是提高党的威信，公开宣传党的政策和主张。《大众日报》开始从各方面不断改进报道，积极颂扬团结抗战，坚决批判投降分裂，同时培养了一大批战地记者，对“白彦战斗”“孙祖战斗”等著名战役进行实时报道。

大众日报社人员众多，是当时省级机关中人数最多的单位，办报经费支出数额庞大，而且主要是靠山东分局拨付。于是，有人提出对大众日报社人员进行精简，将办报的钱拿去铸造炮弹。时任山东分局主要领导人之一的罗荣桓回复说：“别的机关要精简，报馆不但不能精简，还要加强”，“我以为给报馆买铅字、买铜模，并不比给部队铸造炮弹不重要。一张张报纸，一篇篇社论和文章，就是打击敌人的一发发炮弹。”①

《大众日报》能坚持出版，离不开报社全体人员的共同努力。《大众日报》创刊后不久，印刷厂规模不断扩大，增加了一部 4 开铅印机和一台手摇石印机。1939 年 2 月上旬，印刷厂人员已达 50 余人，工厂初具规模。根据形势需要，厂长于一川要求每人都学会一种或几种印刷技术，以便在任何恶劣的环境下，都能坚持印刷工作。随着人员和技术力量的增加，自 1939 年 2 月 9 日起，报纸由三日刊改为二日刊，影响也越来越大，引起了敌人的注意。不久，敌人把大众日报社列为重点破坏铲除的“扫荡”目标之一。

1939 年 6 月 6 日，《大众日报》出版完第 72 期后，因为敌情紧急，暂时休刊，工人将印刷机器拆卸伪装后，趁夜埋入云头峪村外的田地里，并在上面种上庄稼进行掩护。6 月 9 日晚，报社和五战区总工会、苏鲁青联、省妇救会等几个单位组成了“沂蒙工作团”，开展游击战争。

敌人“扫荡”结束后，《大众日报》编辑部与山东分局一起移驻到蒙阴的坡里村。由于印刷机器还藏在云头峪，报社于是因陋就简，出版油印报。8 月 1 日，《大众日报》油印版第 1 期出版，按照原来铅印版的期数应算第 73 期。油印版为三日刊，重新从第 1 期开始出版，一直坚持到 10 月 5 日，共出 25 期。

8 月 10 日，《大众日报》石印版也顺利出版。石印版从第 74 期开始出

① 中共山东省委党史研究室：《中国共产党山东历史》（第 1 卷）（1921—1949），山东人民出版社，2018 年 2 月，第 673 页。

版[①]，每期4版，印1000多份，最初是10天一期，9月7日以后，报纸又改为三日刊。石印版是在名副其实的“地下”印刷厂印刷的。当时日军占领了王庄村，印刷厂在村民的帮助下，到村外挖了一个“地屋子”，隔成两间地窖，7位印刷厂的同志就住在这里，白天休息，晚上坚持印刷。到12月29日，石印版出版至第105期，也就是石印版开印以来的第31期，顺利完成了1939年最后一期的出版任务。经报社领导决定，《大众日报》自1940年1月1日起，重新出版铅印版，期数仍延续石印版，从第106期开始。

1939年9月，八路军第一纵队政治部油印报的电讯油印人员合并到大众日报社，印刷厂改为印刷部，同时成立印刷总厂，下设四个印刷厂，一厂印报，二厂、三厂印书和宣传品，四厂是石印厂，印小学课本、宣传画、地图。

1941年11月，日伪军统一出动，开展又一次大规模“扫荡”。《大众日报》在战斗中坚持出版，从1941年11月14日到1942年1月24日，共出版战时油印版15期。

1942年1月，山东分局决定将省级机关从沂蒙山区迁到滨海区，大众日报社编辑部、秘书处也随之迁到了滨海区。由于报社的印刷设备转移非常困难，初到滨海区时，只能根据实际情况改出16开2版的小报。该小报从3月27日总第321期开始出版，随后改为二日刊，版面增加至6版。4月4日出版至第325期后，临时休刊10天，以筹备4开铅印版的正式复刊。1942年4月13日，从总第326期开始，铅印的4开4版《大众日报》正式恢复出版，报社初步完成了由沂蒙山区向滨海区的转移。

1942年7月初，报社在滨海区的印刷厂出现机器故障，7月4日，总第352期印完后，被迫停止印刷。然而，7月7日是当时的抗战纪念日，于是，社长陈沂决定将稿件送往沂蒙山区的印刷厂进行铅印，而滨海区则出版油印版。7月13日，《大众日报》3期合刊分别在沂蒙山区和滨海区

① 1960年7月大众日报社重印的《大众日报》(1939—1942)，缺第73期，第74期的出版日期为1939年8月10日。

同时出版。在报社人员和各地群众的共同努力下，1942 年 8 月 1 日，总第 360 期铅印版《大众日报》在滨海四厂正式恢复出版。1942 年 10 月 1 日，《大众日报》再次由三日刊改为二日刊，发行量增加到每期 8300 份。

1942 年 10 月中旬，日军对沂蒙山区进行了为期 1 个月的“拉网梳篦”式大“扫荡”，报社再次进入战时状态，报社职工组成新闻工作队，与武装部队共同参与对敌作战，同时，坚持出战时油印版和电讯。11 月 5 日，报社再次恢复出版铅印报纸。在这次残酷的反“扫荡”战斗中，原大众日报社管委会主任李竹如壮烈牺牲。李竹如是大众日报社史上职级最高的烈士。

1942 年 12 月 30 日，山东分局给大众日报社发贺信庆祝创刊 4 周年，对大众日报社 4 年来坚持出版给予了高度评价：“你们在党和人民的鼓励下，经过了敌人轮番‘扫荡’，终于坚持了工作，像一面大旗一样树立在敌后山东。这是党和人民的光荣，也是你们全体职工同志的光荣。在你们努力工作下，《大众日报》开始成为名副其实的党报，这是党的建设中的一个巨大收获。这一收获，不仅提高了党，教育了党，也提高了人民，教育了人民；不仅报道了根据地建设，也指导了根据地建设；不仅报道了对敌斗争，也指导了对敌斗争。”[①]

1943 年以后，沂蒙革命根据地的情况得到明显好转，《大众日报》的出版工作也逐渐步入正轨，报纸的印刷质量和发行数量也稳步上升。

三、自主创新解决印刷材料

在 1939—1942 年这最为艰苦的几年里，沂蒙革命根据地饱受日寇“铁壁合围”“拉网战术”等残酷“扫荡”和“蚕食”。大众日报社的工作人员时常背着机器和行李，漫山遍野地和敌人“捉迷藏”。据相关资料统计，从 1938 年印刷所成立到 1945 年底，报社先后转移过三十几个地方。报社人

① 大众报业集团史志编纂委员会：《〈大众日报〉85 年》，山东人民出版社，2023 年 12 月，第 8 页。

员在转移的同时，不仅要坚持《大众日报》的连续出版，还要解决油墨、纸张、印刷机等印刷材料和印刷设备的极度短缺难题。

《大众日报》创刊时，所需的印刷材料，如纸张、油墨、铅字等，基本上都是依靠外出采购。当时的采购地点主要在两个地方：一是济南历城的仲宫，这是报社从济南购买物资的供应点；二是泰安莱芜的口镇，这是泰安货物来源的集散地。随着战争形势的严峻，外出采购的风险进一步加大。为了解决印刷材料短缺问题，报社一方面组织采购队伍到敌占区去采购，另一方面开办商店，收购土特产销售，再换回印刷材料。1941 年，报社成立了“大众合作社”，以解决印刷材料不足的问题。

油墨属于军用物资，封锁检查得很严。为此，报社创办了自己的油墨厂，经过两个多月的试验，终于造出了土油墨。工人用马尾松烟灰加上松香、皂粉、蓖麻油搅拌后，上石磨磨匀，制出细腻的油墨。从 1941 年 2 月到 1942 年秋，报社的油墨厂生产了大量油墨，基本上解决了报纸印刷的问题，同时，还极大地节约了印刷成本。外购油墨每盒 15 元，而油墨厂自产的油墨，每盒成本仅需要 5.6 元。这也为以后整个山东抗日根据地印刷事业的迅速发展提供了保障。

1940 年底，新闻纸来源断绝，为了解决造纸难题，印刷厂的工人们自己琢磨出了土法造纸。沂南县民间有人会造桑皮纸，工人们于是前去请教学习。他们就地取材，把桑树皮、乱麻、稻草、麦秸、豆荚收集起来碾碎，经过浸泡变成纸浆，再用 4 开大的长方形细筛子捞出晾晒，然后一张张揭下来，就可成形。虽然这种造纸工艺比较粗糙，却极大地缓解了根据地纸张匮乏的状况。山东分局宣传部长李竹如为表彰他们自力更生的创新精神，将这种土纸命名为“文化纸”。1941 年 7 月 19 日，报社首次用自造的“文化纸”印刷了第 275 期的《大众日报》。后来，大众日报社先后建立了几个这样的造纸厂，还在附近发动群众组织造纸生产合作社，制造土纸数十万张，圆满解决了报纸和文艺书刊的用纸问题。

此外，1941 年 7 月，印刷一厂副厂长王汝泉和几名工人研究发明了木质石印机。这台印刷机摇机省力，节约材料，成本仅需50元，不仅造价低廉，印刷数量也明显增多，而且转移埋藏方便，非常适合在敌后环境里推广。不过，随着形势好转，这台机器没有正式投入使用。1943年1月，在《大众日报》创刊四周年的纪念大会上展出了这台机器，山东分局书记朱瑞将其命名为“大众印刷机”。

第二节　大众日报社的报刊出版

在战争年代，大众日报社始终处于是沂蒙革命根据地报刊出版的核心地位。大众日报社除了出版《大众日报》外，还承担着沂蒙革命根据地其他报刊的出版、印刷任务。沂蒙革命根据地出版的很多报刊，都与大众日报社有着紧密的联系。现将与《大众日报》有关的报刊进行梳理，略做介绍。

一、《大众日报》的前身及并入报刊

1.《民声报》《青年报》

1937年9、10月间，中共地下党员邱也民、李子荣，以李贯一领导的沂水县抗日游击第一中队的名义，联络爱国青年50余人，组织了沂水县青年抗日志愿队。为了宣传抗日主张，扩大救亡阵地，1938年3月，志愿队在沂水县黄庵村创办了《民声报》，李戴（张冠西）、安然（安凌云）主持报社工作。该报4开2版，油印，三日刊，因此又称“《民声》三日刊”，每期印几百份。报纸内容有国际、国内、地方新闻，以及社论、文艺小品等。从第2期开始，报社迁到了沂水县黄山铺岳庄村的岳庄小学。

当时正值临沂保卫战，邮路断绝，外埠报纸进不来，报社人员通过收音机收听新闻，编写刻印后分发给沂水县的各界人士，使他们能够及时了解共产党抗日的坚定立场和正确主张，从而大大增强了群众的抗日意志和

胜利信心。《民声报》成为当时沂水人民了解抗战形势的唯一新闻来源，影响越来越大。不少读者和社会开明人士，自动捐献款物予以支持。后来，《民声报》发表了一篇名为《欢迎县长孙桐峰回城领导人民抗战》的社论，尖锐地批评了国民党政府消极抗战、放弃职守、坐视地主豪绅胡作非为的行径，激怒了孙桐峰。6月中旬，孙桐峰派军警查封了民声报社，《民声报》停刊。

李戴、安然、刘力子三人找到国民党六十九军政治部长张友渔（中共地下党员）寻求帮助。张友渔高度赞扬了《民声报》同人的抗日救国热情，当即以国民党六十九军政治部的名义批复《民声报》复刊。为了避免被孙桐峰再次刁难，《民声报》更名为《青年报》，于1938年7月7日全民族抗战一周年纪念日正式复刊，每期发行250余份。《青年报》创刊号在第一版的显要位置，刊登了六十九军政治部的批文。孙桐峰迫于压力，没敢再派人查封。

青年报社的人员，基本上是民声报社的原班人马：社长李戴，总编辑刘惠五，对外联络刘力子，编辑兼缮刻马民、张惠，维修刘承塾，总务兼收音安然，发行牛铁民、段宝炼。报社的经费来源，除自筹之外，主要靠各方捐助和少量发行收入。

1938年10月，省委书记郭洪涛、省委宣传部长孙陶林亲自到青年报社进行动员，欢迎他们加入《大众日报》的筹备工作。于是，报社的10名成员，携带着全部家当：一部收音机、一部油印机、两部电话和七支步枪，以及若干白连纸和油墨，参加到《大众日报》的创办工作中。1938年11月初，《青年报》停刊。

1939年1月1日，在《大众日报》创刊号头版的下方位置，青年报社发布了《青年报社紧要启事》："本社同人为集中力量出版一种内容丰富印刷精良之报纸，以期提高新闻效能，加强抗战力量起见，本社同人全体参加大众日报社工作，已于本月十五日赶赴办理一切筹备事宜，惟以行色匆匆，未克出版终刊号向读者诸君说明，殊深抱歉，至于订阅本报未满期之订户，以后向大众日报社照数补发，凡订户有欠报费者亦请交大众日报社代收为要，统希亮察并请原谅！”至此，青年报社光荣地完成了其历史使命，正式并入大众日报社。

2.《大众》半月刊

1938 年 9 月，苏鲁豫皖边区省委在沂水县创办了综合性的时政刊物《大众》，由省委宣传部长孙陶林任主编，32 开，半月刊，为了与后来出版的同名报刊区别开来，通常称作“《大众》半月刊”。该刊物最初是石印，后来改为铅印，1940 年出版至第 35 期时，改为月刊。

《大众》半月刊的办刊宗旨是“为了及时向广大群众宣传党的政治路线和主张，动员组织各地群众参加抗日民族解放斗争。”该刊内容主要是发表与抗战有关的论著、工作报道、工作经验介绍、通讯、文艺作品、木刻等稿件，报道国际国内新闻，刊登毛泽东等中共领导人的重要文章，宣传共产党在抗日战争中的各项方针政策和理论纲领以及山东党组织领导人对山东抗战工作的形势分析和工作总结，以及关于妇女工作、青年工作、军队思想教育工作的方法指导和理论探讨，以及对英雄模范人物和先进地区的通讯报道。该刊物对山东的抗战工作起到了重要的促进和指导作用。

1939 年 1 月 1 日，《大众日报》创刊之后，《大众》半月刊正式移交给大众日报社管理，由大众日报社印刷厂印刷，大众日报社分销处分销。

1941 年 8 月，《大众》半月刊停刊，前后共计出版 45 期。

3.《新潍坊报》

1948 年 4 月 27 日，潍坊解放，随后建立了潍坊特别市。华东局决定创办《新潍坊报》，作为潍坊特别市委的机关报，并从大众日报社抽调 20 余人筹备办报，同时成立新华社潍坊支社。

新濰坊報

濟南解放戰揭幕

图 2：《新潍坊报》

1948 年 5 月 1 日，《新潍坊报》（图 2）在潍城棋盘街原统一日报社的社址上正式创刊，潍坊特别市市委书记徐冰任社长兼总编辑，赵扬任副社长，张黎群、乐静、戈扬为副总编辑。1948 年 9 月，济南解放，社长徐冰调往济南，李波代行其责，报社迁至潍坊城区博古街南首。

《新潍坊报》的任务是宣传中共中央的各项政策（特别是城市政策、劳资政策和土地政策）以及新民主主义的政治纲领，宣传党对潍坊地区的恢复、建设、发展方针以肃清国民党反动派宣传的影响，反映解放后潍坊人民的情绪、生活和要求，以及工人、农民、青年、妇女等群众团体活动及民主建设情形等。

《新潍坊报》为铅印，日刊，创刊号及重大节日采用红色印刷。创刊之初，为 8 开 2 版，一版为地方新闻，二版为国际国内新闻。从第 11 期起，扩展为 4 开 4 版，一版为要闻，二版为地方新闻，三版为国际国内新闻，四版最初为广告，自第 13 期起开辟为综合副刊，以发表通俗短文为主。自 1948 年 5 月 27 日起，四版除副刊外，陆续出了几个专页，如《青年生活》《戏剧》《卫生》《工人园地》《通讯工作》等。期间，副刊还一度改名为《文综》。

《新潍坊报》最初是按户赠送，自 1948 年 6 月 15 日起，改为订阅。因在广大群众中，尤其是知识青年中有很大影响，发行量由最初的 2000 份，扩大至 5000 份左右，成为潍坊市民获得信息的重要来源。

1949 年初，因新解放区急需大批新闻工作者，华东局决定将《新潍坊报》并入《大众日报》，报社人员除留 3 人继续从事新华社潍坊支社的工作外，其余全部南下。1949 年 2 月 16 日，《新潍坊报》停刊。

《新潍坊报》在接管城市的过程中，起到了很大的传递信息和安定人心的作用。同时，就报纸本身的运作而言，也为新解放城市的党报创办提供了宝贵经验。

4.《新民主报》

1948 年 9 月 24 日，山东省会济南解放。9 月 29 日，济南特别市成立，市委书记刘顺元，市长郭子化。

中華民國三十七年十月六日 星期三

新民主報

緊要啓事

重要更正

青年文化社 後日開座談會

濟南戰役指揮者 粟裕將軍談勝利原因

歸功於毛主席黨中央和華東局的領導，華東與友鄰區黨政軍民的支援和配合。號召全軍力戒驕傲、輕敵，進一步提高攻堅戰術，為爭取更大勝利而努力！

軍事上的重大意義

全省各地歡慶濟南大捷

西北黨政軍民電賀濟南大捷

濟南外圍戰鬥一角 堅決攻下燕翅山

图 3：《新民主报》（局部）

1948 年 10 月 1 日，济南特别市委机关《新民主报》（图 3），在济南经三纬二路创刊。《新民主报》是山东解放区的第一张省会大报，市委书记刘顺元任报社委员会书记，新闻出版部长恽逸群任社长兼总编辑。

《新民主报》创刊号为铅印的对开 4 版大报，一、四版套红，共印刷 15000 份。创刊号头版上发表了恽逸群撰写的发刊词《我们的任务》，文中指出：“本报是济南市委的机关报，也是济南市人民大众的报纸，我们的宗旨是全心全意为济南市人民大众服务。首先为恢复和发展生产事业、繁荣新民主主义经济服务，为建设新民主主义文化卫生服务。”报纸的主要任务，一是宣传解释中共中央的基本政策，特别是城市政策与工商业政策，使市民完全了解并群策群力贯彻实施；二是将市民要求与建议等反映给领导机关，使其能够及时制定、修正各项城市政策；三是“指导济南市委所属各级组织认真学习，完全了解与遵守党的政策”。

《新民主报》既继承了《大众日报》办报的优良传统，又根据城市特点进行改进和发展。报纸共分四个版面：一版是国内、省内、本市要闻；二版是地方新闻和市场信息；三版是《青年文化》《新妇女》等专刊或副刊；四版是国际新闻。后来，三、四版内容相互对调。

《新民主报》尤其重视副刊，为办好副刊，成立了以夏征农为书记的副刊编委会，并吸收山东文联人员参加，对提高副刊质量、团结山东文化艺术界人士起到了良好的作用。

1949 年 3 月，华东局南下，山东分局重新成立，《新民主报》根据华东局的指示，于 1949 年 3 月 31 日停刊，并奉命并入《大众日报》。恽逸群率新民主报社全体人员南下，接管上海的旧新闻事业。1949 年 4 月 1 日，《大众日报》迁至济南，承担起山东分局机关报兼济南市委机关报的任务。

《新民主报》在接管旧新闻机构和创办党的新闻事业过程中形成了“济南经验”，对接管南京、上海的旧新闻事业和创办党的新闻事业起到了很好的示范作用。

二、《大众日报》的副刊

1939—1942 年，沂蒙革命根据地因为日军的频繁“扫荡”处于极为艰苦的时期，印刷机、纸张、油墨严重短缺，新成立的报社因为条件所限，大部分没有建立自己独立的印刷厂，于是就利用《大众日报》的第四版来出版，稿件也由大众日报社负责代收、转交，这些报纸也就成了《大众日报》的副刊。据统计，1939—1942 年间，《大众日报》的副刊就多达 12 种（表 1），其中较有名的有《战地文艺》《青年战线》《前哨妇女》等。此外，有的报社虽然独立出版，但也是由大众日报社的印刷厂来承印，并由大众日报社负责发行。

1938—1942年间的《大众日报》副刊					
序　号	题　名	编　者	总期数	出版时间	创刊时间
1	战地文艺	战地文艺研究会主编	6	1939年1月4日—1939年5月25日	1939年1月4日
2	抗战职工	第五战区职工抗日联合总会编	8	1939年4月19日—1940年9月10日	1939年4月19日
3	青年战线	青年战线社主编	10	1939年3月30日—1940年9月7日	1939年3月28日
4	前哨妇女	前哨妇女社 山东妇联	10	1939年4月29日—1940年9月13日	1939年4月9日
5	大众文艺	大众文艺社编委会编	5	1939年12月17日—1940年10月19日	1939年12月17日
6	群众生活	群众生活社编 山东省各界救国联合会主编	11	1940年7月16日—1941年10月22日	1940年7月16日
7	报人	报人社主编 中国青年记者学会山东分会主编	12	1940年7月19日—1941年10月16日	1940年7月19日
8	抗战军人	抗战军人社编	14	1940年7月28日—1941年9月10日	1940年7月28日
9	战时教育	战时教育社主编	15	1940年10月22日—1941年10月13日	1940年10月22日
10	文艺习作	八路军一一五师文艺习作会编	4（第5—8期）	1940年11月4日—1940年12月28日	不详
11	艺术工作	艺术工作社编	16	1940年12月7日—1942年3月16日	1940年12月7日

1938—1942 年间的《大众日报》副刊					
序　号	题　名	编　者	总期数	出版时间	创刊时间
12	经济建设	战工会财经组编	6	1941 年 3 月 22 日—1941 年 9 月 28 日	1941 年 3 月 22 日

表 1：1938—1942 年间的《大众日报》副刊

1.《战地文艺》

为了充分发挥文艺在游击战中的作用，将从事救亡工作的一切文艺爱好者组织起来，1939 年 1 月 4 日，战地文艺研究会在沂水县王庄村正式宣告成立，王绍洛任会长，同一日，由战地文艺研究会主编的《战地文艺》（图 4），在《大众日报》第 2 期第四版上整版刊登。《战地文艺》是当时全国抗日根据地报刊中出版最早的文艺副刊之一，比《新华日报》的文艺副刊《新地》旬刊（1939 年 1 月 9 日创刊）还要早 5 天。

大众日报
战地文艺
战地文艺研究会成立宣言
十二月是战斗的日子
寄自上冶
投稿简则

图 4：《战地文艺》

《战地文艺》第 1 期上，刊登了《战地文艺研究会成立宣言》，文中指出文艺在抗战中的作用：“文艺，是文化部门中主要内容之一！所以，文化的动员，首先，应是文艺运动的展开！因为唯有文艺，才能给人以热情的激扬！唯有文艺才能给人震撼心灵的力量！”宣言最后，号召“鲁南的文艺工作者团结起来！开展敌人后方的文艺运动！”在第 2 期上，刊登了燕遇明的《告游击区的文艺工作者》，号召他们“举起我们的武器——文艺的笔”。

《战地文艺》的内容，是有丰富战斗性的速写、通讯、诗歌、散文、小说、报告文学等。如第 1 期上，刊登的了石流的诗歌《十二月是战斗的日子》以及执桐的纪实散文《寄自上冶》。

《战地文艺》共计出版 6 期，不定期出版，1939 年 5 月 25 日停刊。

2.《青年战线》

大众日报

青年战线

CINGNIAN ZHANSIAN

图 5：《青年战线》

山东抗日根据地创立之后，青年抗日团体遍地开花，但各地青年团却单独作战，无法取得密切联系和配合。为了团结广大青年抗日救国，青年战线社于 1939 年 3 月 28 日创办了《青年战线》（图 5），并在 1939 年 3 月 30 日的《大众日报》第四版上整版刊登了创刊号。《青年战线》成为《大众日报》副刊的一种，不定期出版。

《青年战线》创刊号的《创刊词》中，指出其创刊目的是“作为各青年团体的纽带，交换工作经验的园地”。创刊号还刊登了力生的《为统一山东青年运动而斗争》，指出山东的青年组织普遍存在三个问题，即组织的宗派观念和狭隘性、工作方式的一般化和不活跃、单独作战不能取得密切的联系和配合，号召“立即作广泛的动员，为统一山东青年运动而斗争”。

《青年战线》的创刊号和第 2 期上，连载了青年战线社拟的《统一山东青年运动问题讨论大纲》，阐释了统一山东青年运动的意义所在，并就如何开展这一工作，如何建立统一领导机关等问题进行了讨论。

《青年战线》提高了青年的思想觉悟，增强了青年对中国共产党的政治认同，推动了青年抗日救国运动有序进行，成为当时山东各青年团体相互联系的重要纽带。

由于日军的“扫荡”，《青年战线》自 1939 年 6 月 6 日出版第 6 期后，停刊一年，1940 年 6 月 25 日复刊，1940 年 9 月 7 日出版至第 10 期停刊。

3.《前哨妇女》

大众日报

前哨妇女

创刊词

图 6：《前哨妇女》

1939 年 4 月 9 日，由前哨妇女社主编的《前哨妇女》（图 6）创刊。4 月 29 日，《大众日报》在第四版刊登了《前哨妇女》第 1 期。此后，《前哨妇女》成为《大众日报》副刊的一种，不定期出版。

《前哨妇女》的创办，主要是为了落实《抗日救国十大纲领》和《妇女工作大纲》，通过宣传指导妇女运动，积极传播马克思主义妇女观，成为山东党组织领导下的重要妇女刊物。

《前哨妇女》第1期中的第一篇文章是《抗战以来的山东妇女》，为山东妇女解放运动和妇女工作指明了方向，文中指出："山东妇女只有踊跃参加抗战才能提高自己的社会地位，家庭地位，本身的自由解放也才能有胜利的保证，山东妇女以英勇挺进的姿态，向着光明的社会迈进着，这昭示着抗战必胜和妇女解放的光明前途。"

《创刊词》极具号召力，同时指出了刊物的名称由来："中国的抗战，是从侵略中争取民族的自由和解放，中国现在处于不仅本国，而且是全世界的一个历史意义最伟大的时期中，中国的人民大众，正在这伟大的阶段中，完成他们所负的历史任务——用全民族的力量，向日本帝国主义者，争取民族的生存、独立和自由！以血肉为基础的愿望，是必须争取最后实现的，完成这伟大的任务，不仅要发挥枪刀的神威，同时要用锋利的笔汇成一个不可战胜的力量。因此，本刊的内容，是针对现实的，而且必然是战斗的，前哨的，妇女的。"

《前哨妇女》立足群众视角，始终坚持团结妇女、服务妇女，不仅刊登了《妇女救国会宣传大纲》《山东妇联总会工作纲领》《山东妇联总会成立宣言》等重要纲领性文献，而且自第6期开始，开辟了"读者园地"栏目，对读者关注的问题进行答复。

1939年6月，因日军扫荡，《大众日报》停刊，《前哨妇女》也随之停刊。1940年，《前哨妇女》复刊。

1940年9月13日，《前哨妇女》在复刊后的第10期上，发表了《编者的话》，指出："《前哨妇女》自本期起，改由山东妇联主编。"至此，《前哨妇女》作为《大众日报》副刊停刊，前后共发稿52篇。

4.《中国青年（山东版）》

《中国青年（山东版）》原为山东分局青年运动委员会刊物，1943 年 3 月改为《大众日报》副刊。

1942 年 2 月，《中国青年（山东版）》创刊于鲁南，由山东分局青年运动委员会创办，中国青年社山东分社编辑出版。《中国青年（山东版）》为大 32 开铅印刊物，100 页以上，每期刊印 1000 余份，初期为月刊，后因战争原因不能定期出版，封面为铜版木刻画。《中国青年（山东版）》编辑部设在泽东青年干部学校山东分校，经费、印刷、发行均由大众日报社负责。该刊主要刊登指导青年工作的论文和有关青年思想修养的文章，还刊登小说、歌曲、革命英雄事迹、科学知识等，内容主要是反映全省特别是鲁中、滨海地区反“扫荡”斗争的现实。

《中国青年（山东版）》由山东分局青年运动委员会书记钟效培负责，为了办好这份杂志，他克服了稿源、纸张、印刷、发行的种种困难。《中国青年（山东版）》的发行范围主要在滨海、鲁南、鲁中、胶东、渤海五个战略区，鲁西因划给冀鲁豫根据地，一般发行不到那里。该刊办刊比较正规，内容丰富、活泼，受到青年干部的普遍欢迎。

1942 年 12 月，由于敌人“扫荡”和机关精简，《中国青年（山东版）》在出至第 9 期停刊。1943 年 3 月《中国青年（山东版）》改为《大众日报》副刊，1943 年 8 月停刊，共 10 期。

三、创办的刊物

1.《大众电讯》

1939 年 9 月，大众日报社开始接收延安新华社的电讯稿。山东分局决定，在大众日报社内成立大众通讯社，创办《大众电讯》，筹建发报电台，开始对外发稿。

1939 年 10 月 23 日，大众通讯社成立，《大众电讯》同时创刊。《大众电讯》是大众日报社的内部刊物，油印，每日一期，后来又发展为《大众日报内参》，由编辑室编辑郁永言负责。《大众电讯》主要是编印国民党中央社电讯和香港、马尼拉等地华语口播新闻，以及记者和通讯员采写的不宜见报的重要情况，供山东分局、一一五师和军区的领导同志参阅。

2.《报人》《记者生活》《青年记者》

1940 年 4 月 10 日，中国青年记者学会（简称“青记”）山东分会在沂南县青驼寺正式成立，山东分局宣传部长、《大众日报》管委会主任李竹如任理事长。“青记”山东分会的成立，标志着山东抗日根据地以《大众日报》为基地，将全省奋战在抗战一线的新闻工作者团结起来。

“青记”山东分会的任务主要有三项：第一，发展山东的新闻事业，加强新闻界同人的团结，一致为抗战建国而奋斗到底；第二，开展山东的宣传教育工作，粉碎一切破坏抗战团结进步的言论，在敌寇政治进攻之下，揭破挑拨离间与欺骗宣传；第三，解除一切对新闻界的束缚，要求言论出版之绝对自由。

在“青记”山东分会成立大会上，理事们商定出版会刊，后来将会刊定名为《报人》。1940 年 7 月 19 日，《报人》（图 7）在《大众日报》第四版上正式创刊，成为《大众日报》副刊的一种，不定期出版。

大众日报
創刊詞
怎样作乡村的通讯员

图 7：《报人》

《报人》的《创刊词》中指出：“这个小刊物的诞生，便是作为山东各地新闻从业者、编辑联系的纽带，希望通过它，我们能握紧手，整齐步伐，为完成我们的艰巨任务而战斗到底。”1942 年 10 月 26 日，《报人》在完成第 12 期出版后停刊。

1941 年 7 月，大众日报社与新华通讯社山东分社通讯部，受“青记”山东分会会长李竹如委托，编辑出版了该会会刊《记者生活》。《记者生活》为内部通讯刊物，32 开，油印，受日军大“扫荡”影响，仅出版 3 期就被迫停刊。

1942年6月，大众日报社为了贯彻执行“全党办报”方针，适应广泛开展工农通讯工作、大力发展工农通讯员的需要，就在《记者生活》的基础上，创办了《青年记者》。《青年记者》由大众日报社编辑部通联科负责编辑，在山东省战时邮政管理总局登记注册，为半公开发行刊物，32开，铅印，刊期不定，不限页码，是大众日报社编辑部同各地通讯员联系的一条重要沟通渠道。

《青年记者》的编辑方针是努力与通讯工作的实际结合，坚持群众路线，“大家写、大家看”，在文字上要求短小精悍、形式多样，以有限的篇幅，刊载更多的作品。由于战争原因，办报、办刊条件恶劣，大众日报社多次分散转移，《青年记者》也被迫多次停刊、复刊，但编辑人员仍千方百计地与通讯员进行沟通联系。

1947年，国民党对山东解放区发动重点进攻，编辑部无法再继续办《青年记者》，于是就在《大众日报》的中缝开辟了“通讯员之窗”专栏，由通联科秦风、朱青负责，及时传达宣传报道意图，提示采访报道要点和意见，反映各地通讯工作动态，并刊登读报知识等。

1949年4月，战争形势好转，大众日报社进驻济南，编辑部开始筹备《青年记者》的复刊工作。1949年6月，《青年记者》由大众日报社、新华社山东分社再次复刊，仍为32开铅印本，月刊。1949年10月，《青年记者》开始由大众日报社单独编辑，之后保持长达17年的正常出版，共出161期。在1965年，《青年记者》还曾为农民通讯员服务而出版过64开的增刊3期。1966年7月，受“文化大革命”影响，《青年记者》被迫停刊。1985年1月，《青年记者》再次复刊，并延续至今。

《报人》《记者生活》《青年记者》，是山东革命根据地新闻界的业务阵地，为新闻工作者和广大工农通讯员服务，在培养写作人才、保障报刊稿源供给方面，作出了很大贡献。大众日报社的领导人，如李竹如、陈沂、匡亚明、恽逸群等，都非常重视、关心刊物的创办，积极为刊物投稿，总结经验，指导办报。如1940年9月1日，李竹如在《报人》上发表《光荣的历史和光荣的任务》，明确指出“历史上从来没有无立场的报纸，也从来没有无立场的新闻记者，‘抗战和进步’应当成为今天中国新闻记者所共有的立场，站在这一立场上，坚固地团结起来，并接受进步政党的领导，才能胜利地担负起光荣的时代责任”。他们的这些文章，是研究中国共产党党报新闻思想的珍贵资料。

3.《群众运动参考材料》

1946年5月，大众日报社采访部编印了《群众运动参考材料》，月刊。停刊时间不详。

4.《新闻业务》

1946年，大众日报社开始编印内部刊物《新闻业务》，刊登各部门的业务总结材料，如匡亚明的《把党报工作更加提高一步》、陈冰的《报纸工作怎样与实际结合》、吴建的《编辑业务谈》等。停刊时间不详。

5.《中国人民爱国自卫战争华东战场第一年画刊》

1947年秋，中国人民解放军粉碎了国民党军队对华东地区的重点进攻。1947年10月，大众日报社与华东新华社联合出版了《中国人民爱国自卫战争华东战场第一年画刊》。该画刊为长26.5厘米、宽19.3厘米的大开本摄影画集，收集了1946—1947年间，反映鲁南歼灭战、莱芜围歼战、孟良崮战役等各种战事活动、军民关系及重大事件的照片230余张。该画刊封面为套色木刻《人民战士》，封底为彩色年画《立功回家》，照片、文字为单色铜版印刷，极为精美。

第三节　大众日报社的图书出版

全民族抗战初期，沂蒙革命根据地的图书出版工作同其他抗日根据地的出版情况相似，都是由报社来承担的。大众日报社不仅是沂蒙革命根据地最主要的新闻出版单位，也是重要的图书出版单位，在山东新华书店正式成立之前，承担着沂蒙革命根据地图书、期刊、报纸的主要出版和发行任务。

1938年6月，为筹备出版一份全省性的报纸，苏鲁豫皖边区省委率先创办了印刷所，印刷了《论持久战》《抗日民族统一战线问题》《论新阶段》等小册子及《大众》半月刊。

当时，翻印马列主义著作，出版党中央的文献，是各根据地图书出版工作的重要政治任务。大众日报社成立后，先后翻印出版了《共产党宣言》《抗日民族统一战线》《什么是马克思主义》《抗日游击战争的战术问题》《论持久战》等图书。《论新阶段》样书传到山东后，山东分局要求大众日报社在3周内赶印出2万册。当时印刷厂的印刷能力有限，为了完成这项政治任务，报社决定缩小1939年2、3月《大众日报》的篇幅，同时将《大众》半月刊13、14两期延期出合刊。

1938年9月，苏鲁豫皖边区省委创办了大众社，出版综合性的时政刊物《大众》半月刊。该刊由省委宣传部长孙陶林任主编，32开，初为石印，后改为铅印，初为半月刊，后改为月刊。《大众日报》创刊之后，大众社归大众日报社管理，但仍以大众社的名义出版图书。1941年8月，《大众》半月刊停刊，此后，再未见以大众社名义出版的图书。据1941年5月4日《大众日报》报道，大众社1939年出书23种，1940年出书37种，两年共计出书60种。

有关大众社的资料较少，目前所能查到的以大众社名义出版的图书有18种（表2）。

大众社出版的部分图书			
序　号	题　名	著　者	出版时间
1	社会科学概论	社会科学研究会编	1938年

大众社出版的部分图书			
序　号	题　名	著　者	出版时间
2	列宁主义概论	（苏）斯大林著	1939 年 11 月
3	中国现代革命运动史（上册）	中国现代史研究委员会编	1940 年 1 月
4	辩证唯物论与历史唯物论	博古译	1940 年 1 月
5	论相持阶段与坚持鲁苏抗战	朱瑞著	1940 年 2 月
6	抗日民族革命战争的战略问题（草稿）		1940 年 2 月
7	在第十八次党代表大会上关于联共（布）中央工作的总结报告	（苏）斯大林著	1940 年 3 月
8	联共（布）驻共产国际执委代表团在联共（布）第十八次代表大会上的报告	（苏）曼努伊尔斯基著	1940 年 3 月
9	苏联工农红军的野战条令	八路军抗日战争研究会编译	1940 年 3 月
10	苏联工农红军野战条令	张成功译	1940 年 3 月
11	现阶段抗战形势及全民族当前任务		1940 年 3 月
12	马列主义纲要		1940 年 3 月
13	论殖民地革命运动		1940 年 4 月
14	联共（布）党史简明教程（上册）	联共（布）中央党史委员会编	1940 年 5 月
15	联共（布）党史简明教程（下册）	联共（布）中央党史委员会编	1940 年 7 月
16	关于发展苏联国民经济之第三个五年计划	（苏）维·莫洛托夫著	1940 年

大众社出版的部分图书			
序　号	题　名	著　者	出版时间
17	评《中国之命运》	陈伯达著	1940 年
18	怎样研究辩证法唯物论	艾思奇等著	1940 年

表 2:《大众社出版的部分图书》

1942 年，全党开始整风学习，大众日报社出版股的主要任务是出版毛泽东的《整顿三风》《在延安文艺座谈会上的讲话》、刘少奇的《论共产党员的修养》《论党内斗争》、陈云的《怎样做一个共产党员》及整风学习小册子等。后来，出版股又开始翻印太行山出版的《小二黑结婚》，并以此为借鉴，出版自己组稿的图书，如反映山东群众运动的通俗读物《晴天》等。

1943 年 1 月 3 日，山东分局书记朱瑞在《大众日报》上发表了《大众日报四年来的奋斗》，总结了大众日报社 4 年的工作成绩："在出版发行上，4 年来出报 424 期，3666961 份。印书 188 种，729527 册。另外，承印报纸、宣传品等 491085 份。"现存以大众日报社名义出版的图书有 90 余种（表 3）。

1938—1949 年间大众日报社出版的部分图书			
序　号	题　名	著　者	出版时间
1	论持久战	毛泽东著	1938 年 8 月
2	抗日民族统一战线问题	解放社编	1938 年 10 月
3	论新阶段	毛泽东著	1938 年 11 月
4	中国近代史		1939 年 1 月
5	论新阶段	毛泽东著	1939 年 3 月

1938—1949 年间大众日报社出版的部分图书			
序　号	题　名	著　者	出版时间
6	抗日游击战争的战术问题	毛泽东著	1939 年 5 月
7	哲学选辑	艾思奇编	1939 年 5 月
8	抗日游击战争的战略问题	毛泽东著	1939 年
9	江西风光	曾一之编	1940 年
10	国际反法西斯统一战线指南	（苏）季米特洛夫等著	1941 年 8 月
11	中国近百年大事年表 1838—1940		［1941 年］
12	毛泽东同志在延安文艺座谈会上的讲话	毛泽东著	1942 年 5 月
13	减租减息读本	大众日报社编辑	1942 年 7 月
14	战时小学国语课本（第五册）	大众日报社编	1942 年 8 月
15	论民族民主革命	吴黎平编著	1942 年 8 月
16	战时小学常识课本（第一册）	大众日报社编，山东省教育处审定	1942 年 8 月
17	大众化工作研究		1942 年 9 月
18	今年打败希特拉明年打败日寇	大众日报社编	1942 年 11 月
19	十月革命二十五周年斯大林两大文献		1942 年 12 月
20	共产主义运动中的“左派”幼稚病：一个用通俗语言来说明马克思主义战略的尝试	（苏）列宁著	1942 年
21	抗战五周年纪念特辑		1942 年

1938—1949 年间大众日报社出版的部分图书			
序　号	题　名	著　者	出版时间
22	论民主革命	吴黎平著	1942 年
23	日本便览	八路军总政敌工部日本问题研究会编	1942 年
24	中英中美新约	大众日报社编	1943 年 1 月
25	怎样备战	大众日报社编	1943 年 1 月
26	“九一八”以来的国民党：解放日报“九一八”二十周年纪念特刊	大众日报社编	1943 年 1 月
27	毛泽东同志在延安文艺座谈会上的讲话	毛泽东著	1943 年 1 月
28	评《中国之命运》	陈伯达著	1943 年 1 月
29	整风参考资料（第一集）	大众日报社编	1943 年 3 月
30	整风参考资料（第二集）	大众日报社编	1943 年 3 月
31	整风参考资料（第三集）	大众日报社编	1943 年 4 月
32	整风参考资料（第四集）	大众日报社编	1943 年 4 月
33	论党	刘少奇著	1943 年 4 月
34	战时小学自然课本（第四册）	山东省教育处审定	1943 年 7 月
35	尔热夫城下	（苏）波里亚柯夫著	1943 年 7 月
36	起来制止内战挽救危亡（第一册）	大众日报社编	1943 年 7 月
37	中国共产党与中华民族	王稼祥等著	1943 年 8 月
38	陕甘宁边区简政实施纲要		1943 年 8 月
39	爆炸大王	大众日报社编	1943 年 10 月

1938—1949 年间大众日报社出版的部分图书			
序　号	题　名	著　者	出版时间
40	评《中国之命运》	陈伯达著	1943 年 10 月
41	整风参考资料（第五集）	大众日报社编	1943 年 10 月
42	组织起来	毛泽东著	1943 年 11 月 29 日
43	经济问题与财政问题	毛泽东著	1943 年 12 月
44	整风课本		1943 年
45	三国会议与苏联	大众日报社编	1943 年
46	文艺运动新方向	凯丰、陈云著	1943 年
47	战时小学历史课本（第四册）		1943 年
48	战时小学自然课本（第一册）	大众日报社编辑，山东省战工会教育处审定	1943 年
49	学习季米特洛夫同志的英勇榜样	大众日报社编	1943 年
50	蜜蜂引路	金照著	1943 年
51	群众工作必读	大众日报社编	1943 年
52	中国共产党对中华民族的贡献	王稼祥等著	1943 年
53	组织起来	毛泽东著	1944 年 1 月
54	克拉夫成果将军	（苏）M·罗任弗里德著	1944 年 2 月
55	整风参考资料（第三集）	大众日报社编	1944 年 8 月
56	减租斗争手册		1944 年
57	劳动英雄像	大众日报社编	1944 年
58	战时小学常识课本（第二册）		1944 年
59	时论选集（第一集）	大众日报社资料室编	1946 年 7 月

1938—1949 年间大众日报社出版的部分图书			
序　号	题　名	著　者	出版时间
60	论农村工作	（苏）列宁著，匡亚明译	1946 年 12 月
61	蒋党“宪法草案”修正案	大众日报资料室编	1946 年
62	把党报工作更加提高一步（新闻业务第一集）	大众日报社编委会编	1946 年
63	中国共产党人的任务		1947 年 4 月
64	论战局	大众日报社研究部编	1947 年 6 月
65	目前国际情势	大众日报社编	1947 年 10 月
66	大反攻文件	大众日报社编	1947 年 10 月
67	土改整党丛书（第一辑）	大众日报社编	1948 年 6 月
68	关于一九三三年两个文件的决定（1948 年 5 月 25 日）	中共中央委员会编	1948 年 6 月
69	生产救灾丛书（第一辑）	大众日报社编	1948 年 6 月
70	一九三三年的两个文件		1948 年 6 月
71	论人民民主专政	毛泽东著	1949 年
72	中国人民政协文献		1949 年
73	学习资料		1949 年
74	备战论文集		不详
75	攻无不克的红军	大众日报社编	不详
76	共产国际纲领	大众日报社编	不详
77	国共团结文献	大众日报社编	不详
78	减租减息特集	大众日报社编	不详
79	解放日报社论集		不详
80	卖国贼汪精卫罪状专集（第一册）	大众日报社编	不详

1938—1949 年间大众日报社出版的部分图书			
序　号	题　名	著　者	出版时间
81	蜜蜂引路	金照著	不详
82	目前形势和我们的任务	毛泽东著	不详
83	评《中国之命运》	陈伯达著	不详
84	什么是列宁主义（第七分册战略与策略）	凯丰编译	不详
85	斯城英勇保卫战	大众日报社编	不详
86	苏联红军廿五周年纪念集	大众日报社编	不详
87	战争中的苏联	大众日报社编	不详
88	整风课本	山东分局宣传部编	不详
89	中国革命的战略与策略	钱俊瑞著	不详
90	旧党章		不详
91	关于国共谈判	大众日报社编	不详

表 3:《1938—1949 年间大众日报社出版的部分图书》

1943 年 7 月，出版股改为出版科，周保昌任科长。出版科的主要任务是：承担山东省战工会编辑的教科书和期刊的出版；承担山东省文协编辑的《山东文化》《大众歌声》等期刊的出版；承担山东分局宣传部党刊《斗争生活》的出版；编辑时事读物、干部学习资料；翻印延安、太行山的出版物；组织编印结合山东实际斗争的通俗读物。

出版科成立之后，大众日报社的出版方向，有了明显的改变，由翻印、出版文件汇编，转向出版为工农兵服务的通俗大众读物。周保昌在翻印太行山出版物时，发现上面印有华北新华书店的字样，而其本人又是从延安新华书店来山东工作的，于是开始在大众日报社出版的出版物上，印上了“山东新华书店”字样。于是，山东新华书店和其他解放区的情况相似，先有了名义，再有实体。大众日报社出版科成为山东新华书店的雏形。

第四节　大众日报社的发行情况

中国共产党在红军时期就成立了党内交通系统，与地下交通站一起，传递文件信息，护送干部，运送物资。

在沂蒙革命根据地，山东分局的党内交通系统与党报发行系统一开始是分开的。大众日报社创立时，就设立了自己的发行系统。大众日报社的发行，包括报刊发行和图书发行两部分，其中最主要的是报刊发行。

一、大众日报社的报刊发行

在任何条件下都坚持出报，坚持把报纸送到读者手中，是党交给大众日报社的战斗任务，也是大众日报社的使命与担当。在战争年代，大众日报社的工作人员，始终坚守着党的舆论阵地，部队打到哪里，记者就采访到哪里，报纸就随军发行到哪里。《大众日报》成为当时鼓舞人心、鼓舞士气的最好的舆论宣传工具之一。

《大众日报》的发行工作，最早采用的是“发（行）交（通）结合”的方式，由报社自己的发行机构和各战略区的发行处负责发行，多数采取订阅和派销的方法。《大众日报》创刊之前，报社就成立了营业室，职责是物资采购、印刷生产和报纸发行。营业室在沂水县夏蔚镇设立了报社总发行处，在沂水县黄山铺、蒙阴县坦埠设立了代销处。报纸印好后，先送总发行处，一部分由代销处的代销员背着分送给订户，或背着赶集设摊叫卖；另一部分交山东纵队交通总站，由各交通线、交通站送往各地八路军办事处分销。1939年5月，日军开始对沂蒙革命根据地进行大“扫荡”，交通线中断。为了把《大众日报》发送到各地，山东分局宣传部通知各级党委，要重视和加强对报纸发行工作的领导，建立健全组织机构，配备干部，迅速恢复建立交通干线和交通站，使报纸迅速发往各地。各地委恢复成立交通支站，大众日报社在各地委成立分社。

1939 年 9 月，《大众日报》营业室扩大为营业部，下设发行科、会计科、材料科、营业科，报纸发行工作有了专门独立的职能部门，其中发行科由丛林任科长。1939 年底，大众日报社以发行科为基础，建立交通发行总站及发行干线，开始自主发行。交通总站设在沂南县岸堤镇柳行岔村，丛林任站长，负责报纸、书籍的发行和文件、书报的发送工作。

交通总站有三条主要干线：第一条干线是总站到一支站干线，从岸堤出发，经蒙阴桃墟、新泰太公峪，到达一支站驻地莱芜常庄，再由一支站分两路送达：一路到太西区党委，由太西转到北方局，再送到延安；一路到清河区党委，再由清河送到胶东区党委。第二条干线是总站到抱犊崮干线，从岸堤出发，经垛庄、崮子村、山阳、徕庄铺、光山头、抱犊崮，到三地委驻地大炉，从三支站到郯马四支站，再到苏北、苏皖边区，再到华中。第三条干线是滨海干线，从岸堤出发，经界湖、河阳、土山、十字路，到达滨海区党委。

交通总站的组织机构比较简单，人员大部分由大众日报社调来。大众日报社发行科和营业科合署办公，负责往交通总站运送报纸，再由交通总站发往各地。当时，敌人“扫荡”频繁，交通工作十分艰苦，交通员为了隐藏身份，都要化装成做买卖的生意人，用肩担篓筐的方式，把报纸、书籍、文件昼夜不停地发往各交通干站和支站。此外，为了加强党的交通和报纸发行工作，山东分局宣传部给报社和交通总站配备了 5 名巡视员，负责检查督促工作。

1940 年 5 月，交通总站划归大众日报社领导，成立了大众日报社交通总站，各线党委设立交通科，县委设交通股，开始在全省范围内建立独立的报纸发行系统。在此后一年多的时间里，先后在鲁中、滨海、鲁南、泰山四个地区和部分县设立了办事处和分销处，培养发展了一支上千人的交通发行员队伍。

1941 年 10 月，山东分局和战工会为统一全省交通，进一步加强交通和报纸发行工作，决定将各系统的交通组织归并，统一组成战时邮务组织。

1942 年，抗日战争进入最艰苦的一年。由于敌伪军的频繁“扫荡”，山东各根据地遭到严重分割和封锁，亟须恢复通信联络。1942 年 2 月 7 日，山东省战时邮务总局（以下简称“战邮局”）在沂南县双泉峪子村成立，赵志刚任局长。大众日报社的发行科、交通总站、各级党委的交通科和交通股，统一合并到战邮局。战邮局承担的主要任务有：（1）传递党内文件、信件，保障党、政、军通信畅通；（2）发行报纸；（3）沟通各根据地之间以及山东与中央的联系；（4）护送干部穿越封锁线；（5）运送重要物资；等等。

1942 年 9 月，山东分局决定，将战邮局与《大众日报》的发行系统进行统一，从此“邮发合一”成为各党报的主流发行模式。

为了贯彻一元化领导，1943 年 3 月，山东分局又进一步决定，对根据地内的交通发行工作实行统一管理和领导，将各发行部门合为一个组织，对外仍称“战邮局”，并命原战邮局长赵志刚同时兼任山东分局组织部交通科长、大众日报社发行部长，形成全国首创的“邮务、交通、发行”（以下简称“邮交发”）三位一体的管理体制。这种管理体制有效避免了机构的重复设置，加快了邮件、报刊的传递速度，节省了大量的人力、物力。至此，报纸发行和邮局工作的一元化领导问题得到彻底解决，有效提升了报纸发行的工作效率。1943 年 6 月，《大众日报》每期发行量为 1 万多份，到 1945 年 8 月，每期发行量已增加到 2.3 万份，发行范围遍及山东、华中两大战略区。

“邮交发”合一，早在中央苏区进行土地革命时，党中央就想解决这一问题。全民族抗战开始以后，各根据地对此一直没有经验，而山东战邮局经过艰苦探索，终于将其付诸实践，成为中国邮政和新闻史上的一项创举，为全国的出版发行工作提供了宝贵经验。

1946 年 4 月，战邮局和报社发行部分开，报社管理部下设发行科，专门负责《大众日报》及所属刊物的发行工作。这一时期，发行模式和渠道依然继承了“邮交发”三位一体的发行模式。9月25日，华东局决定，山东邮政管理局与大众日报社及各战略区的报纸发行部门再次合并，实行统一领导，经过考验的“邮交发”合一的模式就此巩固下来，一直延续到中华人民共和国的成立。

战邮局把“迅速准确”作为第一要务，把党报发行作为头等任务来抓。为了完成党报的发行任务，山东战邮组织了武装交通队，在敌人严密的封锁下，开辟了冲不散、打不断的千百条邮路，把被敌人分割的滨海、鲁中、鲁南、渤海、胶东各行政区紧密地联系在一起，把《大众日报》送到延安和其他根据地，甚至送到敌占区。1941年，敌人对山东抗日根据地进行“蚕食”、封锁，《大众日报》送到延安党中央那里极为困难。当时延安图书馆等单位因为《大众日报》读者多，有些报纸磨损残破，要求提供《大众日报》的合订本。于是，《大众日报》泰安分社先将合订本秘密送往莱芜县中转，然后由莱芜向西，经肥城过津浦铁路转到晋冀鲁豫边区，再转到延安。这一发行过程，必须经过成百上千的秘密交通员和发行人员之手，通过敌人的层层封锁线才能安全送达。

山东战邮职工还千方百计地将《大众日报》散发到敌占区去。他们有时趁夜潜入敌占区，把报纸散发到敌伪据点的大街小巷，有时利用弓箭把报纸射到敌伪据点里，有时把报纸张贴在敌军必经的村口、树上，有效起到了动摇、瓦解敌军的目的。1946年，战邮职工还通过飞机把《大众日报》送往国统区的重要城市北平，受到当地群众的欢迎，称其为“不远千里而来的好朋友”“文化炸弹”。

英勇无畏的战邮职工，提出了“和报邮件共存亡！”“只要党报能出版，我们就能发出去！”“前线在哪里，党报就送到哪里！”等战斗口号。1943年以后，报纸发行中心转移到滨海区莒南县，基本上能够比较及时地发放到其他几个战略区的读者手中。战邮职工还提出争取每张党报能供10人阅读的目标，发动各种群众团体组成读报小组，开展群众性的读报活动。

他们还收集群众对《大众日报》的意见和要求，使党报编辑工作与广大群众紧密结合起来。

在残酷的战争岁月中，大众日报社共有578名同志献出了宝贵的生命，其中468位是战斗在发行一线的交通员。他们手里拿着枪，背上背着邮件报刊，冒着枪林弹雨，昼夜穿行在敌人的封锁线上，把它们迅速准确地传送到广大军民手中。

二、大众日报社的图书发行

1942年，日军集中大批兵力对鲁中区进行扫荡，省一级的党政军领导机关，先后转移到滨海区。山东分局宣传部高度重视图书的出版发行工作，在滨海区开办了海滨书局、滨北书店（驻洪凝镇）、大众书店（驻兰陵县夏庄镇）等书店，均由大众日报社发行部领导。

海滨书局成立于1943年5月，位于莒南县十字路镇，由八路军一一五师政治部创办，附属于一一五师战士报社，一一五师政治部宣传部秘书潘寿卿任经理。因为莒南县以东是有着漫长海岸线的黄海，故书店取名“海滨书局”。海滨书局的主要任务是发行，主要目的是宣传马列主义、毛泽东思想，宣传党在抗日战争时期的各项方针政策。

十字路镇是滨海区比较繁华的集镇，离山东分局、大众日报社和一一五师师部驻地都不远，读者群体比较集中。山东分局宣传部长、《大众日报》社长陈沂，一一五师政治部主任萧华、滨海军区司令员陈士榘等，都经常光顾书店，研究发行工作。海滨书局主要出售大众日报社出版的马列著作、毛泽东著作单行本、党的政策宣传读物以及文艺小说、报刊等，如《毛泽东的故事》《山东文化》《山东画报》《儿童之友》等。书店实行开架售书，读者可以随便翻阅。为了方便读者现场阅读图书和报刊，书店专门设立了阅览处。为了丰富群众的文化生活，书店还兼营文化用品，开设了照相馆。这样一来，书店受到了群众的普遍欢迎，每日门庭若市。

1944年7月，海滨书局并入了大众日报社出版部，成为山东新华书店的一个门市。

大众书店成立于 1944 年 3 月 1 日，主要是出售大众日报社出版的书籍，代订各种报纸，代收邮件，出售邮票，同时，批发零售各种文化用品。

大众日报社出版部除了在门市售书外，还会派人到附近的集市上摆书摊，方便群众就近选购。此外，书店还会主动将课本和文具送到离书店较远的学校，受到学校师生的欢迎。

第四章　山东新华书店的出版与发行

山东新华书店是在中国共产党的领导下成立的，集出版、印刷、发行于一体的机构，是党的重要宣传部门。在战火纷飞的岁月中，山东新华书店出版了大量图书，并承印发行了多种报刊。根据 2025 年 1 月的统计数据，现存山东地区在 1938—1949 年之间出版的红色图书有 4000 种，而山东新华书店及其在全省的各分店出版的图书，多达 1950 余种，其中，在沂蒙革命根据地出版的有 1100 余种。这些图书，对敌人来说，如同一枚枚精神炮弹，击溃了日本侵略者的奴化宣传攻势和国民党反动派的封建文化壁垒；对山东人民来说，则如同一批批精神食粮，充实了广大干部群众的头脑，有力地推动了山东的新文化运动。

第一节　山东新华书店的成立及机构变迁

全民族抗战初期，山东抗日根据地的出版发行工作主要由大众日报社来承担。随着战略反攻阶段的到来，山东敌后抗战形势迅速发展，广大干部群众对图书的需求更加迫切。于是，在 1943 年 7 月，大众日报社专门成立了出版科，对外称作“山东新华书店”，负责图书的出版发行工作。从此，大众日报社将报纸和图书的出版逐步分开。山东新华书店在各地陆续建立分店、支店和分销处。此时的山东新华书店，仅有一个书店的名义，没有独立的机构设置和门市店面，也没有任命经理。后来，大众日报社的印刷厂全部迁到滨海区，并于 11 月 7 日设立了出版部，驻莒南县净埠子村，刘力子任出版部主任。

1944 年 5 月，大众日报社接管了莒南县十字路镇的海滨书局，由史屏等人在其基础上建立了新华书店门市部，随后在大店、店头、坪上建立了分店、支店和代销处。

1944 年 7 月 6 日，山东新华书店在莒南县后净埠子村举行了成立大会，山东分局宣传部长陈沂在讲话中明确指出书店工作的总方针：山东新华书店的主要任务是传播马列主义、毛泽东思想。书店经理刘力子在大会上致辞，并总结了一年来的工作：在组织方面，已建立 5 个分店，9 个支店，20 余分销处；在出版方面，共代印刊物 18 种，编印书籍 318 种，及其他干部读物多种；在印刷方面，4 个工厂每天产量十几万字，保证了报纸及各种刊物的出版；在营业发行方面，供给鲁中区高级课本、鲁南区 80%以上的国民教材及滨海区 70%的国民教材，并发行通俗读物 3000 份。

至此，山东新华书店正式作为一个实体，从大众日报社分离出来单独经营，成为一个集编、印、发于一体的出版发行机构。不过，其内部建制仍属于大众日报社出版部，4 个印刷厂也统一由出版部来领导。

山东新华书店成立初期的直接任务是为战争服务，为中华民族的独立和解放事业服务，“传播新民主主义文化，供应全山东的精神食粮”，其具体工作方针是“宣传毛泽东思想，为工农兵服务，保证国民教育材料的供给，推广新文化事业”。

由于出版发行业务的日益发展和经营情况的逐步改善，1945 年 1 月，山东新华书店改称“山东新华书店总店”，实行企业化管理，并增设了内部机构，全面担负起了山东抗日根据地图书的编辑、出版、印刷、发行任务。

根据战争形式的变化，山东新华书店曾多次转移，多次易名。1945 年 9 月，山东新华书店总店由莒南县迁至临沂城北大街。1946 年 4 月，山东新华书店总店与大众日报社分立，直接归华东局宣传部领导。从抗战结束到 1946 年 7 月的不到一年时间里，山东新华书店总店利用短暂的和平，实现了业务上的迅猛发展。

在机构设置方面，成立了编辑部、营业部、秘书科、材料科、资料室。其中，营业部下设进货科、推广科、校务科等，职工达 323 人，业务分工更加明确。

在书店经营方面，1946 年 1 月，书店原有资金 76 万，到 6 月底，增加到 930 万，半年共出版新书 100 种 40 余万册，为领导机关印刷内部读物 81 种 36 万册，完成图书销售 566 万，并建成可容纳 400 人的门市部。这个门市部，是当时临沂城最引人注目的建筑物，店内不仅出售本店的出版物，还有从上海、东北等地采购的各种参考书，图书种类繁多，从马列著作到农业养殖，应有尽有，受到读者的热烈欢迎，甚至出现了书店比餐馆繁荣的罕见现象。当时临沂城首屈一指的“大不同饭馆”，恰好位于书店门市对面，每天的营业额平均不到 1 万元，每月 15—20 万元，而书店门市的营业额是这家饭馆营业额的 3 倍多！

在发行网点方面，共有 5 个总分店，4 个直属支店，69 个支店，并设大量分销处。邮购服务科发展邮购户 330 余户，每月收到来信 350 余封。

1946 年 7 月 24 日，山东新华书店总店在《大众日报》上刊登了服务宗旨，进一步明确指出编辑、出版、发行是书店的三件大事，传播新民主主义文化、供应全山东民众的精神食粮，是书店的任务。

1946 年 7—10 月间，山东新华书店总店与省外的延安新华书店、华北新华书店、华中新华书店、太行书店、冀南书店、东北书店、上海世界知识社，省内的鲁西北书店、烟台光华书店等建立了业务往来关系，并在晋冀鲁豫、太行、鲁西北等根据地建立了办事处。

1946 年 9 月，由于国民党对山东解放区发动全面进攻，山东新华书店总店被迫迁往蒙山聂家庄一带，由华东局宣传部和华东局直属机关党委领导。

1947 年 2 月，华中新华书店奉命从苏北分批撤至山东，与山东新华书店总店合并。华中新华书店总管理处约有干部 20 余人，还有一个印刷厂，一起合并进来。合并之后，山东新华书店总店的机构、人事均发生了变动，王益任经理，华应申、叶籁士、华青禾任副经理。合并之前，经理室下设编辑部、营业部、印刷厂和出版材料科，其中编辑部没有设科组，营业部下设批发科、邮购服务科、推广科、栈务科。合并之后，编辑部下设置了政治读物编辑组、文艺读物编辑组、《新华文摘》编辑组、《文化翻身》编辑组、美术编辑组和资料室，营业部增设门市科和随军书店，分工更加明确。此次合并，不仅增强了山东新华书店出版发行的领导管理力量，还增加了印刷力量，印刷厂增至3个，除担负书店的书刊印刷外，还担负起华东局及其他各机关、部队的印刷任务。

1947年4月，国民党军队向山东发动“重点进攻”，山东新华书店总店主体部分由鲁中区向渤海区惠民县附近转移，后来迁到阳信县，次年6月又迁至临朐县；还有一部分人员留在鲁中区，后来成立了山东新华书店总店鲁中办事处，管理鲁中区的出版发行工作，另外有一部分支店，如沂山、沂水、沂南、沂北、沂东、莒沂、淮安、莱芜等支店，继续留在鲁中，转入农村，坚持敌后工作。同时，为了保障部队的图书供给，山东新华书店总店在鲁中设立随军分店。随军分店设在第三野战军政治部，分店以下又设立了中心支店、支店和小型图书馆。随军分店的图书，由鲁中办事处负责供给。

1948年7月，山东新华书店总店更名为“华东新华书店总店”。8月，华东局宣传部召开了出版会议，研究贯彻华东局《关于统一党的宣传工作的指示》，提出华东新华书店的任务是传播马列主义和毛泽东思想，传播新民主主义文化，宣传党的政策，同时明确华东新华书店实行企业化管理。1949年2月，华东新华书店总店由临朐县迁入济南市经九路胜利大街，同时抽调362人南下。5月，华东局南下，华东新华书店总店随之进驻上海，留在济南的部分，自6月1日起，又改称“山东新华书店总店”。1949年10月，根据全国新华书店出版工作会议精神，山东新华书店总店改制为“新华书店山东总分店”，全省设7个分店、2个直属支店、124个支店（表1），职工达2046人。

1944—1949 年间山东新华书店在各地建立的分店、支店		
分店、支店名称	建立时间	驻　地
昆嵛支店	1944 年 7 月 15 日	文登县城
荣成支店	1944 年 7 月 15 日	荣成县崖头集
牟平支店	1944 年 7 月	牟平县城
海阳支店	1944 年 7 月	海阳县东村
牙前支店	1944 年 7 月	牙前县桃村
掖县支店	1944 年 7 月	掖县县城
平度支店	1944 年 7 月	平度县城
文登支店	1944 年 7 月	文登县高村集
蓬莱支店	1944 年 7 月	蓬莱县城
黄县支店	1944 年 7 月	黄县县城
龙口支店	1944 年 7 月	龙口
栖东支店	1944 年 7 月	栖东县藏格庄
栖霞支店	1944 年 7 月	栖霞县城
招远支店	1944 年 7 月	招远县城
日照支店	1944 年 10 月	日照县城
莒城分店	1944 年 12 月 13 日	莒城
威海支店	1944 年 12 月	威海市
乳山支店	1944 年 12 月	乳山县夏村
藏马支店	1944 年 12 月	藏马县泊儿
沂北支店	1944 年 12 月	沂北县马站
沂南支店	1944 年 12 月	沂南县界湖
福山支店	1945 年 2 月	福山县城
莱西支店	1945 年 3 月	莱西县水沟头
沙县支店	1945 年 3 月	掖县南沙河
滨县支店	1945 年 8 月	滨县县城
青州直属支店	1945 年 8 月	青州城
莱阳支店	1945 年 9 月	莱阳县城

1944—1949 年间山东新华书店在各地建立的分店、支店		
分店、支店名称	建立时间	驻　地
烟台支店	1945 年 9 月	烟台市
竹庭支店	1945 年 9 月	竹庭县青口镇
胶南支店	1945 年	胶南县王戈庄
莒北支店	1945 年	莒北县枳沟镇
蒲台支店	1945 年	蒲台县北镇
沂水支店	1945 年	沂水县城
临邑支店	1946 年 1 月	临邑县城
乐陵支店	1946 年 2 月	乐陵县城
沾化支店	1946 年 2 月	沾化县城
石岛支店	1946 年 3 月	石岛
昌北支店	1946 年 3 月	昌邑县城
即西支店	1946 年 3 月	即墨县店集
临沭支店	1946 年 3 月	临沭县下庄镇
五龙支店	1946 年 4 月	五龙团旺
平南支店	1946 年 4 月	平南县蓼兰
安丘支店	1946 年 5 月	安丘县城南关
寿光支店	1946 年 5 月	寿光县王高庄
十字路支店	1946 年 6 月	莒南县十字路镇
德州新华书店	1946 年 7 月	德州
平东支店	1946 年 7 月	平东县南村
东海支店	1946 年 10 月	东海区
西海支店	1946 年 10 月	西海区
南海支店	1946 年 10 月	南海区
北海支店	1946 年 10 月	北海区
阳信支店	1946 年 12 月	阳信县城

1944—1949年间山东新华书店在各地建立的分店、支店		
分店、支店名称	建立时间	驻　地
高青支店	1946年	高青县田镇
利津支店	1946年	利律县城
诸城支店	1946年	诸城县城
盐山支店	1947年2月	盐山县城
陵县支店	1947年2月	陵县郑家寨
广饶支店	1947年2月	广饶县城
周村支店	1947年3月	周村市
南皮支店	1947年3月	南皮县城
随军书店	1947年4月	三野政治部
庆云支店	1947年5月	庆云县城
索镇支店	1947年5月	桓台县索镇
长山支店	1947年5月	长山县城
张店支店	1947年5月	张店市
东光支店	1947年6月	东光县城
商河支店	1947年7月	商河县城
德平支店	1947年7月	德平县城
临淄支店	1947年7月	临淄县城
胶县支店	1947年10月	胶县县城
垦利支店	1947年10月	垦利县陈家庄
莱西南支店	1947年	莱西县院上
高密支店	1947年	高密县城
宁津支店	1947年	宁津县城
吴桥支店	1947年	吴桥县城
无棣支店	1947年	无棣县城
禹城支店	1948年2月	禹城县城

1944—1949年间山东新华书店在各地建立的分店、支店		
分店、支店名称	建立时间	驻　地
齐河支店	1948年2月	齐河县西孙耿
潍县新华书店	1948年5月11日	潍县县城
昌乐支店	1948年6月	昌乐县城
平西支店	1948年6月	平西县店子村
博山直属支店	1948年7月	博山
潍南支店	1948年7月	涌泉城
昌南支店	1948年7月	昌南县饮马村
益寿支店	1948年8月	益寿县口埠
兖州支店	1948年8月	兖州县城
肥城支店	1948年8月	肥城县城
寿南支店	1948年8月	寿南县屯田镇
益临支店	1948年8月	益临县郑母镇
济南分店	1948年10月1日	济南经四路三里庄口
济宁支店	1948年9月	济宁市
坊子支店	1948年9月	坊子市
潍北支店	1948年10月	潍北县固堤
北招支店	1948年10月	北招杜家村
济阳支店	1948年10月	济阳县城
齐东支店	1948年10月	齐东县魏家桥
邹平支店	1948年10月	邹平县城
淮安支店	1948年10月	淮安县景芝镇
冀鲁豫新华书店菏泽营业部	1948年10月	菏泽
胶河支店	1948年11月	胶河县铺上村
胶高支店	1948年11月	胶高县夏庄
章历支店	1948年11月	章历县城
新浦支店	1948年11月	新浦市

1944—1949 年间山东新华书店在各地建立的分店、支店		
分店、支店名称	建立时间	驻　地
杨道平流动支店	1948 年 11 月	菏泽、湖西区
赵秉均流动支店	1948 年 11 月	菏泽、湖西区
徐州新华书店	1948 年 12 月	徐州
长清支店	1948 年 12 月	长清县城
新泰支店	1948 年 12 月	新泰县城
峄县支店	1948 年 12 月	峄县县城
连云港支店	1948 年 12 月	连云港市
赵镈支店	1948 年 12 月	赵镈县城
平邑支店	1948 年 12 月	平邑县平邑镇
蒙阴支店	1948 年 12 月	蒙阴县城
汶上支店	1948 年 12 月	汶上县城
曲阜支店	1948 年 12 月	曲阜县城
章丘支店	1948 年 12 月	章丘县明水
莱芜支店	1948 年 12 月	莱芜县口镇
泰宁支店	1948 年 12 月	泰宁县楼德镇
滕县支店	1948 年 12 月	滕县县城
邳县支店	1948 年 12 月	邳县湖镇
南安丘支店	1948 年 12 月	辉曲村
平原支店	1948 年 12 月	平原县王富楼村
泰安支店	1949 年 1 月	泰安县城
费县支店	1949 年 3 月	费县县城
泗水支店	1949 年 6 月	泗水县城
邹县支店	1949 年 6 月	邹县县城
沂源支店	1949 年 6 月	沂源县南麻
临朐支店	1949 年 6 月	临朐县城

1944—1949 年间山东新华书店在各地建立的分店、支店		
分店、支店名称	建立时间	驻　地
五莲支店	1949 年 6 月	五莲县洪凝
临城支店	1949 年 6 月	临城车站
郯城支店	1949 年 7 月	郯城县城
淄川支店	1949 年 7 月	淄川县城
崂山支店	1949 年 8 月	崂山县华阴

表 1:《1944—1949 年间山东新华书店在各地建立的分店、支店》

第二节　山东新华书店的出版工作

1942 年，毛泽东《在延安文艺座谈会上的讲话》明确提出文艺“为工农兵服务”的要求，反映在出版工作上，就是出版通俗的大众读物来为工农兵服务，这也是当时山东新华书店的主要任务。1943 年 7 月，大众日报社出版股改为出版科，对外称“山东新华书店”，主要任务是：编印时事读物、干部学习资料和通俗读物，翻印延安、太行山的出版物，承担教科书和期刊的出版。1944 年 7 月 6 日，山东新华书店正式成立，并作为一个实体，从大众日报社分离出来单独经营，成为一个集“编辑、印刷、发行”于一体的出版发行机构。

一、编印、翻印图书

编印、翻印图书是山东新华书店的主要业务。为了扩大书稿来源，山东新华书店在 1944 年 6 月 19 日的《大众日报》上刊登了两则启事：一则是交换出版物启事：“本店为交流各根据地文化食粮，出版大量教材与读物，愿与各战略区报社、书店、出版社交换一些出版物，请予惠赐是荷。”一则是征收稿件启事：“本店为大量出版通俗读物与一般科学常识、干部文化教材、部队政治教材、歌选、戏剧……特开始征收稿件，简章不日公布。”

山东新华书店的出书范围很广，出书的总体设想，考虑到高级干部、一般干部、知识分子和工农群众等几个层次的需要，有计划有系统地出书。如为适应高级干部的需要，主要是翻印马列著作、毛泽东著作单行本、联共党史以及一些中央政策文件汇编等；为适应一般干部和知识分子的需要，则出版基层干部读本以及“新华小文库”“文艺创作丛书”等，还有大量翻译的苏联文艺作品，如《考验》《日日夜夜》《红石村》《恐惧与无畏》《钢铁是怎样炼成的》等；为适应工农群众开展大生产运动和农村文化运动的需要，编辑出版了“生产运动丛书”“通俗文库”“通俗读物”“文学丛刊”“大众文库”“抗战文艺选集”等丛书。其中，1946 年 7 月开始编辑出版的“大众文库”系列丛书，约 105 种，内容包括军事、政治、历史、地理、生产、卫生等各方面，还有地图、字典、日用杂字、大众应用文等，其中文艺作品包括小说、诗歌、戏剧、鼓词、连环画等。这套书如同一个小型图书馆，是一套真正为群众所接受的通俗大众文库。

山东新华书店总店翻印的图书，主要来自延安、莫斯科、上海以及东北解放区、晋察冀根据地等地。翻印形式主要是从各地搜集样书，然后根据样书重新排版印刷。山东各战略区的新华书店，一方面翻印山东新华书店总店出版的图书，另一方面也各自编印出版图书，出版之后，相互交流样书，然后各自根据样书重新排版印刷。

山东新华书店编辑部还积极组织党政干部和地方作者出版著作。如薛暮桥的《政治经济学》《中国革命问题》《论新民主主义经济》《思想方法与学习方法》，恽逸群（笔名翊勋）的《蒋党真相》《新闻学讲话》，王希坚的《说唱朱富胜翻身（鼓词）》《万事不求神》《翻身道理》《地覆天翻记》《翻身民歌》《民歌百首》《黑板报上写诗歌》等。

山东新华书店还鼓励编辑们自己编书、翻译、创作，如山东新华书店经理王益，为了培训、培养业务人才，曾撰写了《书店业务》（图 1）和《出版工作基本知识》等有关业务工作的专业书籍，还编写了《韬奋和生活书店》《土地改革问答》等其他方面的书籍；副经理华应申根据 1941 年 12 月胶东联合社出版的《烈士传》，编辑了《中国共产党烈士传》（图 2），还编写了短篇创作选《翻身》；编辑宋镜蓉擅长创作时事鼓词，出版了《晴天鼓词》《小二黑结婚鼓词》（图 3）、《地主的故事》等著作。

图 1：《书店业务》

图 2：《中国共产党烈士传》

图 3：《小二黑结婚鼓词》

在战争年代，印刷设备和印刷材料都来之不易，为了不被敌人破坏，顺利完成印刷出版任务，书店人员要随时做好机器和铅字等的转移、埋藏工作。尤其是反“扫荡”期间，书店人员轮流站岗放哨，并提前侦察好机器及铅字的埋藏地点。“生活军事化，工作战斗化”，成为当时书店工作人员的光荣传统。

二、出版刊物

山东新华书店除了出版图书外，还出版一些期刊，如《文化翻身》《群众文化》《新华文摘》《书店通讯》《山东教育》《山东群众》《山东文化》《战士画报》《教育之友》《大众歌声》《戏剧与杂耍》《新儿童》《学习导报》《斗争生活》等。部分期刊在前几章中已做介绍，本章重点介绍一下

《文化翻身》《群众文化》《新华文摘》《书店通讯》这 4 种较有名的期刊。

1.《文化翻身》

抗战胜利后，山东解放区人民获得了经济上和政治上的翻身，文化上翻身的愿望越发强烈。1946 年 12 月 1 日，《文化翻身》（图 4）在临沂创刊，32 开，铅印，半月刊，山东省青年联合会文化翻身社编辑，山东新华书店出版，负责人先后为王照华、王若望、戈阳，编辑有叶联森、宋镜蓉等。

图 4：《文化翻身》

《文化翻身》在创刊号的《发刊词》中指出："这个刊物是专门帮助咱庄户人文化上翻身的……常看它听它，学习就有办法，文化有进步。"

《文化翻身》面向大众进行普及性文化宣传，兼具文艺性与新闻性，主要向群众传播时事新闻，普及生产、生活、卫生常识，宣传英雄模范和他们的先进事迹，介绍文化学习的经验，解答群众疑问，刊登群众对各种工作和国家大事的意见，以及解放区土改复查中的小故事，揭发地主破坏土改、破坏支前的行为等。如《王金兰明白了》一文中，通过老师给识字班长王金兰讲解当前的战争局势，解释了国民党军队占领解放区城市只是"暂时的胜利"，这是解放军歼灭敌人、消耗其有生力量的战略，并指出胜败不能只看一时的得失，安抚了以王金兰为代表的老百姓焦虑不安的情绪，同时坚定了他们对战争必胜的信心。

《文化翻身》的字号较大，配上精美的插图，有一种松散有序的美感，既方便识字少的群众辨认和学习，又能很好地体现出期刊的艺术性。该刊积极鼓励群众投稿，文章内容丰富，形式多样，有快板、鼓词、民间故事、小游戏、戏剧、歌曲、小调、笑话、谜语、典谚、小通讯、小论文等，很受广大群众的欢迎。

《文化翻身》设有"时事政治""救护常识""军事常识""卫生常识""文字学习""历史故事""大众信箱"等栏目。其中，"大众信箱"栏目，是专门为人民群众解答问题的，凡与群众生活息息相关的各种问题，如政治、经济、农业、生活常识、婚姻制度等，编辑们都会一一作答。编辑们用简洁明了的语言答疑解惑，不仅普及了知识，还激发了群众的好奇心，帮助他们养成多思考、多提问、多总结的好习惯，对于广大群众文化知识的普及、生产生活经验的推广、党的政策的宣传，都起到了一定的促进作用。

1948 年 4 月，《文化翻身》停刊，共出版 22 期，后改为《群众文化》继续出版。

2.《群众文化》

1948 年 9 月，《群众文化》（图 5）创刊。《群众文化》在《文化翻身》的基础上创办，由群众文化社编辑，山东新华书店出版，32 开，铅印，月刊，终刊时间不详。

图 5：《群众文化》

《群众文化》在第 1 期《见面话》中指出："《群众文化》是一个通俗的群众性的综合刊物，主要是办给区村干部、小学教员和识字群众看的，帮助提高大家的政治文化水平，更好的为群众服务；同时我们还要把它办到凡是识千把字的人，都能看得下，不识字的群众也听得懂。"

《群众文化》刊登的内容包括生产支前、群众活动、形势分析、时事要闻、政治常识等，作品形式丰富多彩，有顺口溜、武老二、鼓词、故事、小调、连环画、快板、谜语、民谣等。

3.《新华文摘》《新华文摘（胶东版）》

1945 年 11 月 20 日，《新华文摘》（图 6）创刊于临沂，是山东解放区第一个文摘性刊物，16 开，最初为半月刊，后改为不定期刊、月刊，刊

图 6：《新华文摘》

名由舒同题写，深受读者欢迎。

当时，国际形势急剧变化，山东军民除了抄收延安新华社的电讯外，还需要了解更多的世界大事和国际动态。因此，为满足干部学习国际时事政治的需要，山东分局宣传部长陈沂提议，由山东新华书店创办《新华文摘》。

《新华文摘》最初主要是介绍国民党统治区报刊上的进步文章，内战开始之后，国统区的报刊资源短缺，改为选载各解放区报刊的文章，并开辟本刊特约稿和特译稿专栏，组织人员编写各国概况和政治人物的文章。

《新华文摘》的创刊号中，有陈沂撰写的《发刊小言》，指出办刊的目的是“为干部的时事教育提供一些材料，使我们同志从山东把眼光放大到全国、全世界，从自己的部门工作，接触到更多更全面的工作”，刊物的材料来源主要是延安和上海，刊物的作用是“能在争取和平时局的斗争中起一小号角的作用。”创刊号上还刊登了《中苏关系发展上的重要阶段》《在歧路上的日本》《我们怎样以少胜多》《半月时事》等国内外时政类文章。

此外，创刊号上还刊登了山东新华书店总店的营业要目：1. 本店以传播新民主主义文化，为广大工农兵服务为宗旨。2. 编辑和出版各种通俗读物，文艺小说，科学常识，国民教育教材，小学课本，定期刊物和党、政、军干部政治教材。3. 本店竭力为社会服务，代印各种书刊表册。4. 为了外地读者购书之便利，本店设邮购服务部门。5. 本店在各县设有分支店，如愿为本店代售书刊或设代销处者，均给予一定折扣优待。6. 为适应本城读者需要，总店在本市设有门市部，零售书刊文具，并定每星期日发售特价书多种，按 7 折优待。

1949 年 3 月 30 日，因编辑人员随军南下，《新华文摘》停刊。《新华文摘》从创刊至终刊，历时 3 年半的时间，共出版了 4 卷 38 期，其中第 1 卷共 11 期，第 2 卷共 12 期，第 3 卷共 12 期，第 4 卷共 3 期。第 1 卷编辑者署名新华文摘社，出版、发行者为山东新华书店，后来，随着山东新华书店多次易名，编辑者和出版者也随之变化。《新华文摘》的编辑负责人，由山东新华书店的副经理担任，分别是周保昌、叶籁士、华应申。

《新华文摘》还出版过胶东版（图 7），仅出 2 辑，为 16 开不定期刊物，主要是摘录上海、香港一些进步刊物上的文章。第 1 辑出版时间为 1947 年 12 月 5 日，由山东新华书店编辑部编辑，山东新华书店出版，胶东新华书店发行，新华印刷厂印刷。

图 7:《新华文摘(胶东版)》

图 8：《书店通讯》

4.《书店通讯》

1948 年 6 月 10 日，《书店通讯》（图 8）创刊，32 开，铅印，不定期出版，1950 年 11 月停刊，共出版 17 期。

《书店通讯》由山东新华书店《书店通讯》编委会编印，是山东新华书店的内部刊物，不对外出售，主要介绍鲁中、鲁南、滨海等地的书店工作情况，以及抗日游击战争中的书店发展历程。

第三节　山东新华书店的发行工作

编辑、出版、发行，是山东新华书店的三件大事。山东新华书店成立后，渤海、鲁南、滨海、鲁中、胶东等地也先后建立了图书出版发行机构，这些机构和山东新华书店相似，开始都附设在各区党委领导的报社里，后来才成为独立的书店。抗日战争胜利以后，山东新华书店人员在各地快速建立了分支店、门市部和代销处，有的设摊售书或直接送书上门，有条件的地方，还设立了阅览室，供读者借阅。到 1946 年 7 月，山东新华书店已建立诸城、日照、泰安、新泰 4 个直属支店，胶东、滨海、渤海、鲁中、鲁南 5 个总分店，烟台、威海卫、泰南、泰山、沂山和曲阜 6 个分店，以及 69 个支店（表 2、表 3）。

<table>
<tr><th colspan="3">山东新华书店发行网（1946 年 7 月）</th></tr>
<tr><th>总　店</th><th colspan="2">临沂东大街</th></tr>
<tr><td>直属分店</td><td colspan="2">诸城、日照、泰安、新泰</td></tr>
<tr><td rowspan="3">胶东区</td><td>总分店</td><td>莱阳</td></tr>
<tr><td>分店</td><td>烟台、威海卫</td></tr>
<tr><td>支店</td><td>莱城、文登、即西、石岛、东海、牟平、乳山、平度、海阳、牙前、蓬莱、福山、栖霞、黄县、龙口、五龙、栖东、招远、莱西、平北、北掖、南掖、昌北、莱西南</td></tr>
<tr><td rowspan="2">渤海区</td><td>总分店</td><td>惠民</td></tr>
<tr><td>支店</td><td>无棣、乐陵、南皮、滨县</td></tr>
<tr><td rowspan="2">滨海区</td><td>总分店</td><td>十字路</td></tr>
<tr><td>支店</td><td>临沭、东海、邳县、藏马、竹庭、莒县、莒北、郯城、胶县、高密</td></tr>
<tr><td rowspan="3">鲁中区</td><td>总分店</td><td>博山</td></tr>
<tr><td>分店</td><td>泰南、泰山、沂山</td></tr>
<tr><td>支店</td><td>沂中、沂东、蒙山、沂源、泰宁、蒙阴、泰安、章丘、历城、章历、淄川、博山、莱芜、沂北、
安邱、临朐、莒沂、益都、沂南</td></tr>
</table>

山东新华书店发行网（1946年7月）		
鲁南区	总分店	滕县
	分店	曲阜
	支店	滋阳、邹县、泗水、平邑、费县、麓水、赵镈、临城、峄县、枣庄、运河、台儿庄

表2:《山东新华书店发行网（1946年7月）（据1946年7月24日《大众日报》整理）》

1944—1949年间山东新华书店设立的地区店		
地区店名称	建立时间	驻地
渤海新华书店	1945年1月	垦利县八大组
鲁南新华书店	1945年4月	费县梁丘
滨海新华书店	1945年8月28日	莒南县十字路镇
鲁中新华书店	1945年9月	莱芜县涝坡
胶东新华书店	1945年10月	莱阳县沐浴店村
鲁中南新华书店	1948年9月	沂水县城北东山村

表3:《1944—1949年间山东新华书店设立的地区店》

1. 渤海新华书店

渤海新华书店，1945年1月成立于渤海区垦利县永安镇八大组，设于渤海日报社内，经理由渤海日报社经理部长崔冠三兼任，门市营业由朱悦山负责。刚成立时，书店没有独立的机构，也没有专职管理人员。1945年8月，渤海日报社移驻惠民县，在秘书处下设置出版股、营业股，刘钊任出版股长，专职管理书店工作，朱悦山任营业股长，负责图书的零售与批发。同时，在惠民城里商埠的大寺里，开设了门市。1946年春夏之交，渤海新华书店在惠民县南门里建了一幢二层楼房，一层做门市，二层办公，并正式挂出了渤海新华书店的牌子。至此，渤海新华书店虽然仍然属于渤海日报社的一个部门，却有了初步的机构设置，有了正式的办公场所和营业场所。1946 年 10 月，渤海新华书店正式从渤海日报社分离出来，成为独立的出版发行机构，隶属于渤海区党委宣传部直接领导，称“渤海新华书店总店”，刘子章任经理，刘钊任副经理。

1947 年，渤海新华书店总店与山东新华书店总店正式建立了领导与被领导的关系，改称“新华书店渤海总分店”，成为山东新华书店的分支机构，实行地方与总店双重领导，但主要还是归地方领导。1948 年，原属渤海行署教育处领导的渤海书局（1944 年春创办）并入进来，书店的出版、发行队伍进一步扩大，开始承担起整个渤海区的图书出版发行任务。到 1948 年底，渤海新华书店共出版图书、期刊 334 种，271 万余册，其出版量仅次于山东新华书店。1949 年 3 月，渤海总分店实行“统筹统支”，整顿了财务、业务，除图书、课本外，取消了文具、纸张及其他商品的经营。随后，渤海总分店改为“山东新华书店渤海分店”，专区所在地的分店改称“中心分店”，县店仍称“支店”。1949 年底，书店停止图书出版。1950 年 6 月 18 日，经华东总分店批准，渤海、胶东、鲁中南 3 个行政区的新华书店分店撤销。

渤海新华书店出版的图书数量较多，主要是翻印山东新华书店及其他根据地出版的图书，如毛泽东著作、一般政治理论读物、文艺作品、历史地理书籍和科技读物等。其中，1947 年 3 月翻印解放社的《毛泽东选集》（1—5 卷合订本）精装本，比较有名。此外，书店还创作、编辑了一些通俗读物，如编辑迅韬编绘的讲述博兴劳动英雄王凤祥创立插伙组故事的《插伙图》（图 9）等。

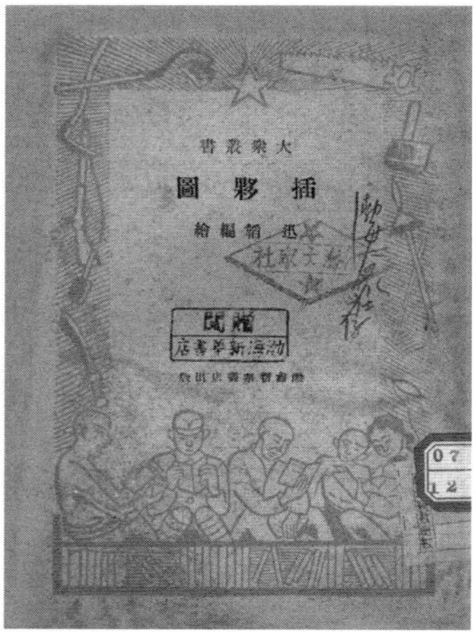

图 9：《插伙图》

渤海新华书店还负责出版了几种刊物，包

括渤海新民主主义青年团编辑的《青年人》、渤海行署公安处编辑的《渤海公安》和渤海区党委宣传部编辑的《工作通讯》等。

2. 鲁南新华书店

1945 年 4 月，鲁南新华书店在费县梁丘成立，张治任经理，王金堂任副经理。1945 年 9 月，迁至滕县。1947 年 11 月，鲁南新华书店撤销，书店的大部分人员分配到鲁南建国学校学习。

鲁南新华书店原隶属于鲁南时报社，以发行为主，出版的图书不多，现存有《新民主主义论》《整风课本》《中共土地政策研究》《“东北”是东北人民的东北》《时事两面观》等几种。

3. 滨海新华书店

1945 年 8 月 28 日，滨海新华书店正式成立，店址就在山东新华书店总店门市原址，即莒南县十字路镇，张泉五任经理，王春任副经理。临沂城解放后，山东新华书店总店迁往临沂城，将隶属滨海区的一切业务移交给滨海新华书店，原滨海区的各分店也归其领导。

滨海新华书店最初隶属于滨海农村社，主要是出版、销售图书，兼营印刷、文具、中药、卷烟等业务。1947 年，由于战争原因，滨海新华书店先后转移到莒南的田庄、朱楼，日照的涛雒、炕头村、巨峰、土山等地，1948 年 5 月又转移回十字路镇，隶属于滨海专区宣传部。

滨海新华书店出版的图书也比较少，现存仅有《中国共产党党章》《中国共产党党章及关于修改党章的报告》《朱总司令的故事》《翻身灭蒋》《老区半老区怎样进行土改整党》《人间地狱》《苏联介绍》《日出天晴》（图 10）等几种。

图 10：《日出天晴》

4. 鲁中新华书店

1945 年 9 月，鲁中新华书店在莱芜县涝坡成立，李克公任经理，刘更生任副经理。鲁中新华书店的前身是鲁中日报社出版股。1946 年春，书店迁至博山县城，并建立了门市。1948 年 1 月，鲁中新华书店撤销，书店工作人员分配到鲁中建设大学学习。

鲁中新华书店出版的图书现存有 30 余种，包括《论领导方法》《大后方生活相》《农村文娱》《春节文娱》《农民文化应用课本》《晴天传》《十二把镰刀》《杨家湾小学在摸索试验中成长》《变工互助经验介绍》等。

5. 胶东新华书店

1945 年 10 月，胶东新华书店在莱阳县沐浴店成立，经理由胶东大众报社经理部主任庄立毅兼任，下设编辑部、出版科、发行科，归胶东区党委宣传部领导。书店成立之前，胶东区的图书出版工作由胶东大众报社负责，胶东新华书店成立后，胶东半岛地区的出版发行工作就由胶东新华书店来领导。1946 年 10 月，胶东新华书店改为“山东新华书店胶东总分店”，下设东海、西海、南海、北海、烟台 5 个分店和 19 个支店。1948 年 9 月，胶东全区解放，胶东总分店由招远县西庄村迁到莱西县水沟头，改称“华东新华书店胶东分店”。1949 年 1 月，胶东分店进行组织机构调整，在经理室下，成立出版科、营业科、总务科、会计科、材料科、支店科。1949 年 6 月，胶东分店进驻青岛，筹建了“青岛新华书店”。

胶东新华书店出版的图书，现存 300 余种，其中有关文学艺术及英雄模范的著作相对较多，如《爆炸大王石乐斋立功故事》（图 11）、《林翠英和她的小伙伴们》《打得好（小型报告剧）》《儿童努力抢山顶》《过关（三幕剧）》《罗网（三幕话剧）》《救星（四幕话剧）》《气壮山河（四幕话剧）》《群策群力（三幕五景话剧）》等。

图 11：《爆炸大王石乐斋立功故事》

6. 鲁中南新华书店

1948 年 9 月，鲁中南新华书店在沂水城北的东山村成立，张治任经理。11 月，书店迁至临沂城北大街原山东新华书店驻地，下设业务科、支店科、财务科和总务科，归鲁中南行署领导。后来，鲁中南新华书店改为“山东新华书店鲁中南分店”。1950 年 1 月，书店迁往曲阜，不久撤销，原鲁中南新华书店临沂支店改称“新华书店临沂地区中心支店”。

鲁中南新华书店以发行为主，出版图书较少，现存仅有《恩格斯的故事》《毛泽东同志儿童时代、青年时代与初期革命活动（初稿）》《新编短篇鼓词》《家庭小常识》《写话教学法》等几种。

7. 冀鲁豫新华书店

1944 年春，冀鲁豫区党委宣布正式成立冀鲁豫书店。该书店是由冀鲁豫日报社发行部和冀鲁豫行署于 1941 年创办的文化出版合并而成，是冀鲁豫根据地书刊编辑、出版、发行的统一机构。冀鲁豫书店成立之后，原冀鲁豫日报社承担的图书编辑、出版、发行工作，全部交由冀鲁豫书店承担。

冀鲁豫书店归冀鲁豫区党委领导，下设总务科、发行科、会计科、材料科、印刷所，经理为张鲁泉，副经理为袁重新、徐剑平等。1945 年 11 月，冀鲁豫书店迁到冀鲁豫解放区首府菏泽城，并在菏泽市中心开设了门市，在济宁设了分店，在菏泽、聊城、濮阳、大名、阳谷县安乐镇开设了 5 个支店。1946 年，冀鲁豫书店正式设立编辑部，冀鲁豫文联主席王亚平任主任。1948 年 8 月，根据冀鲁豫行署指示，泰运书店（1945 年 8 月成立）并入冀鲁豫书店，冀鲁豫书店改称“冀鲁豫新华书店”。

1948 年 10 月，冀鲁豫新华书店再次进驻菏泽城，设立冀鲁豫新华书店菏泽营业部。1949 年 8 月，冀鲁豫行署撤销，平原省成立，原书店的主要人员从菏泽迁往新乡，部分人员留在菏泽，建立菏泽新华书店营业部。在营业部的基础上，改建为“新华书店平原省分店菏泽支店”。据统计，现存以冀鲁豫书店、冀鲁豫新华书店名义出版的图书有 287 种。

冀鲁豫新华书店翻印了很多马列主义著作、领袖著作以及外国革命文学作品，如《丹娘：一个游击队女英雄的故事》《奴隶的儿子：苏联儿童故事集》《苏联战斗英雄故事》《兵士兼元帅：苏沃洛夫的生平及其事业概论》等。此外，冀鲁豫新华书店还编印了冀鲁豫解放区创作的大量图书，如王亚平撰写的《打黄狼（鼓词）》《补偿中农黄山虎（坠子）》（图 12）等，李春兰编写的《群众观念群众路线：在文艺工作中贯彻的一点体会》《农村广播台和黑板报》《文艺的群众路线》等。

图 12：《补偿中农黄山虎（坠子）》

8. 随军书店

1947 年 4 月，山东新华书店总店建立了“新华书店第三野战军随军书店”，简称“随军书店”。随军书店包括分店、中心支店、支店和小型图书馆。随军书店分店设在华东第三野战军政治部，中心支店设在兵团及后勤部，支店设在军部、特纵、供给部、卫生部、海军部等，小型图书馆设在师、团。中心支店、支店都按部队的番号称谓。随着战争发展的需要，随军书店逐渐扩大，先后建立了 5 个中心支店、24 个支店和 21 个小型图书馆。

随军书店的宗旨是“为战争服务，为前线服务”，部队打到哪里，就把书送到哪里。“一手拿枪，一手送书”，成为当时书店工作人员的真实写照。随军书店开始的任务是向部队的指战员供应图书，后来发展到开办阅览室、组织小型读书会、供应文具、出版部队读物，以及在新解放城市以图书展览的形式，开展向群众宣传马列主义、毛泽东思想和党的方针政策等文化服务工作。随军书店的工作人员，开始是用小车推着图书跟随部队开展发行活动，后来部队给随军书店配备了驴马，解决了运输困难，减轻了工作人员的劳动强度。随着解放战争的推进，随军书店先后在济南、许昌、开封、上海、南京、杭州、宁波等50多个城市举办了图书展览，受到广大军民的欢迎。

1949年，华东局南下，华东新华书店总店进驻上海，随军书店划归华东新华书店总店领导。

随军书店负责发行的工作人员，都非常善于做群众工作，有的还参加了驻地的识字班和俱乐部，与群众建立起血肉相连的感情。

在革命战争年代，山东新华书店在党的领导下，为战争服务，为工农兵服务，编印、出版、发行了大量图书报刊，及时向人民群众宣传时事、形势和党的方针政策，充分发挥了党的喉舌作用，为民族解放事业和党的出版事业，做出了卓越贡献。

第五章　沂蒙革命根据地知名作家及作品介绍

随着沂蒙革命根据地的建立、发展、巩固，文化运动、文艺工作和文学创作也逐渐兴起和繁荣起来，为出版事业的蓬勃发展奠定了基础。沂蒙革命根据地的文艺，是在中国共产党领导下的为工农兵服务的崭新的文艺，是与革命武装斗争和人民群众紧密结合的，民族的、科学的、大众的文艺。

为推动沂蒙革命根据地的文艺繁荣，各类文化团体纷纷建立。1939 年 1 月 4 日，山东抗日文化团体——山东战地文艺研究会在沂水县王庄村成立，王绍洛任会长。该会在《宣言》中指出："为发挥文艺的战斗作用，坚持并开展山东游击战争，达到争取最后胜利的目的，特组织战地文艺研究会。"1940 年 4 月 4 日，文化教育宣传工作座谈会在沂蒙革命根据地召开，大众日报社、新山东报社、鲁迅宣传大队等文化团体代表 60 余人参加，会议决议筹备组建山东文化界救亡协会，成立山东文化出版社。1940 年 4 月 7 日，山东省文化界救亡协会成立。其后，各县文化救亡协会相继成立，领导开展根据地战时文教工作。1940 年 8 月 6 日，山东省文化界救亡协会总会举行成立大会，选举李竹如、于寄愚、王绍洛、刘导生、杨希文等 25 人为执行委员。1942 年，毛泽东发表了《在延安文艺座谈会上的讲话》，山东分局和各地党委组织文艺工作者以整风的精神认真学习，并举行了各种座谈会，推动沂蒙革命根据地的文艺工作沿着"为工农兵服务"的方向前进。为了适应新的形势，有力地贯彻党的文艺方针，山东分局于 1943 年初，充实并扩大了山东省文协的机构，姚尔觉为会长，张凌青为副会长，刘导生为秘书长，主要作家有那沙、刘知侠、陶钝、贾霁等。

沂蒙革命根据地的文艺工作者，很少有闻名全国的文坛大家，绝大部分是山东土生土长的青年知识分子，或是跟随部队进驻山东的文艺工作者。他们在“深入实际”“深入群众”的口号指引下，深入战争一线和广大农村，与战士、农民相结合，创作了大量反映农村群众参军支前、减租翻身的文学作品。这些文学作品，主要取材农村生活，反映农民最关心的问题，带有浓厚的乡村地域色彩。

沂蒙革命根据地的文艺工作者，都是“一手拿笔，一手拿枪”，以革命的需要为转移，时而拿笔创作，时而拿枪战斗，不仅用笔书写革命的文艺作品，更是用鲜血和生命谱写保家卫国的壮丽诗篇。这批在战争中成长起来的文艺工作者，后来大都成为宣传、文化战线上的领导骨干，有的则经过长期的锻炼和积累，写出了很多优秀作品，成为比较知名的作家、诗人。

第一节　王希坚与《地覆天翻记》

王希坚（1918—1995），山东省诸城市相州镇人，山东早期党组织创建人王翔千之子，是沂蒙革命根据地为数不多的闻名全国的著名作家、诗人，与族叔王统照、堂弟王愿坚并称“相州三王”。

王希坚的父亲王翔千是山东早期党组织创建人之一，与王尽美、邓恩铭相交甚厚，曾组织马克思主义研究会，积极宣传马克思主义。王希坚深受父亲的影响，从小就积极追求进步，寻求革命道路。王希坚幼年时随父亲王翔千在济南长大，5 岁开始进入杆石桥附近的成德小学学习，1925 年初转入三合街的育才小学读书，该校是国共合作时期国民党作为掩护市党部活动的地点而兴办的，实际上成了共产党的活动场所。父亲的教育指导以及读书期间目睹的共产党的组织活动，在年幼的王希坚心中种下了革命的火种。1925 年以后，王希坚随全家迁回诸城，在相州王氏私立小学就读。

13岁时，王希坚考入了山东省立第十三中学。1931年，九一八事变的噩耗传来后，王希坚和同学们一起，通过办壁报、演话剧等形式，声讨日本帝国主义的罪行，揭露蒋介石“攘外必先安内”的卖国政策。当时山东省立第十三中学曾联合诸城各校成立救国联合会，王希坚被选为代表参加集会。

1934年，王希坚从山东省立第十三中学毕业，考入山东省立济南师范（又称“山东省立第一师范”）。在校三年间，他紧密团结在学校地下党组织周围，积极参加抗日救亡活动。1937年11月，王希坚在诸城加入了中国共产党，并任新成立的相州支部委员。不久，诸城临时县委与蔡晋康游击队的中共地下工作委员会合并，成立中共鲁东南工委，王希坚率先响应加入。1938年2月，王希坚随鲁东南工委奔赴抗日前线。1938年3月初，在谷牧带领下，王希坚以新兵名义加入东北军五十七军一一二师万毅的部队，在团部宣传队负责编印名为《火线下》的油印小报。

1940年9月，根据山东分局安排，王希坚与派入一一二师的地下党员一起撤回山东分局。在山东分局训练班和七区委党校学习5个月后，王希坚于1941年5月调到五十七军独立旅（后改称“八路军海陵独立团”）任旅党支部委员、政治部宣传科长。1942年，延安文艺座谈会之后，王希坚深受鼓舞，认识到文艺是革命事业的一个有机组成部分，是宣传教育群众、打击消灭敌人的有力武器，更加坚定了为革命需要而进行创作的决心。

1943年8月，王希坚离开部队调到地方，先后任山东分局干训班党支部委员，海陵县委宣传部副部长，山东分局群委会干事等职。这一时期，王希坚围绕党在不同阶段的中心工作，深入群众，宣传发动群众，在火热的群众斗争中经受了艰苦锻炼和严峻考验。1945年，王希坚开始担任山东省农会委员、省农会宣传部长等职务，并担任《山东群众》《群众文化》等刊物的主编。在任期间，王希坚有更多的机会接触群众、积累创作素材，因此创作上也更进一步，创作出版了《翻身道理》《万事不求神》《生产发家》《时事易解》等通俗读物。

1949年7月，王希坚出席了全国第一次文代会，被选为第一届全国文协委员。中华人民共和国成立之后，王希坚先后任新华书店山东总分店编辑部副主任、山东省政协委员、山东省文联副主席，《山东文学》主编等职，1995 年逝世，享年 77 岁。

相州王氏是文化世家，王希坚从小就有着极高的文学天赋，接触过各种民间艺术形式。因此，在他编辑油印小报《火线下》时，最先采用的，就是数来宝、顺口溜、快板等民间艺术形式。也可以说，王希坚从创作伊始，就遵从了文艺为人民大众服务的方向。

在革命战争年代，王希坚以极大的热情创作了许多反映沂蒙革命根据地斗争生活的文学作品，如章回体长篇小说《地覆天翻记》，中篇小说《变工组》，诗歌集《翻身民歌》《民歌百首》《翻身歌谣》《黑板报上写诗歌》，鼓词《老会长》《说唱朱富胜翻身》等，成为沂蒙革命根据地文艺工作者中的优秀代表。现存沂蒙革命根据地出版的图书中，以王希坚的著作单行本数量最多。

《地覆天翻记》（图 1）是王希坚的成名作和代表作，也是中国文学史上唯一一部以减租减息运动为题材的长篇章回小说，曾得到周扬、丁玲等人的高度评价。

图 1：《地覆天翻记》

《地覆天翻记》定稿于 1947 年春，是王希坚在滨北高密一带工作时，利用空闲时间写成的。该书以鲁南抗日根据地莲花汪村的减租减息和增资运动为背景展开，围绕减租减息、建立农村基层政权、组织农民进行反“扫荡”等事件，形象地展现了共产党领导山东农民进行阶段斗争的全过程，真实细致地还原了底层农民从心存疑惧、冷眼旁观，到积极参与、英勇斗争的“翻身”历程，体现了减租增资运动的曲折性与复杂性。

书中塑造很多个性鲜明、饱满真实的人物形象。老毛叔是小说重点刻画的农民形象，他纯朴憨厚，给地主扛了30多年长工，却没钱娶妻生子，老来只能孑然一身，逆来顺受。在增资时，别人态度明确，积极争取，而他却采取随大流的态度："人家增就增，人家不增就不增，反正大伙增了拉不下一个人。"他寄希望于地主能够大发善心，养他的老，但事与愿违。在极端绝望之下，他选择了上吊寻死，幸亏被众人救下。经此一事，老毛叔的思想开始转变，积极地参加减租减息斗争，并用自己几十年的苦难经历和逆来顺受的惨痛教训，启发教育别人，在斗争中发挥了骨干带头作用，最终受到广大群众爱戴，被推选为农救会长。吴二蛙子是贯穿整部小说的反面形象，但小说对他的刻画，并没有脸谱化、概念化，既描写了他毒辣奸诈的一面，又描写了他老谋深算的一面。在刚开始减租减息时，他就敏锐地察觉到这场运动的不平凡，于是摆出带头减租的开明姿态，企图收买人心，蒙混过关。然而背地里，吴二蛙子却拉帮结伙，派大把头混入职工会，争夺领导权，以办供销社的名义建立秘密联络点，并布下陷阱暗杀了积极分子李福祥。当其阴谋败露后，他又投靠日军，组成暗杀团反抗革命力量。小说通过多方面的描写，成功刻画了吴二蛙子这样一个性格复杂的反面形象，让人印象深刻。此外，还有组织开展减租增资运动的八路军干部刘大维，积极支持减租增资工作的于大忠夫妇，被地主爪牙残害的佃农李福祥，阴险狡诈的反派人物臭于等，也都刻画的生动形象。

《地覆天翻记》采用了民众所熟悉的章回体形式，共22回，封面和插图由阿老[①]绘制，《序言》由华东局政治秘书兼新华社华东总分社第一副社长恽逸群撰写。章回体的独特叙事技巧，曲折生动的故事情节，质朴鲜活的鲁南语言，配上异彩纷呈的精美插图，使得该书一经出版就受到广大读者的普遍欢迎，各解放区新华书店纷纷翻印出版。

《地覆天翻记》1947年8月由山东新华书店最先出版，此后曾多次翻印、重印，1949年3月山东新华书店又出版了修正本，算是该书的第二个

① 阿老（1920—2015），又名老宪洪，广东顺德人，1946年在山东新华书店编辑部任美术组长，从事书籍出版及装帧设计、插图、年画等群众喜闻乐见的美术创作。

版本。1949 年 5 月，《地覆天翻记》被收入了“中国人民文艺丛书”，由人民文学出版社出版。

王希坚在深入与群众接触后，充分认识到民歌是群众斗争的传统武器，因此非常重视民歌的宣传教育作用，积极搜集民歌、整理民歌、改造民歌，和群众共同创造民歌。1946 年，王希坚创作完成了《翻身民歌》，由山东新华书店出版。1949 年

图 2：《民歌百首》

1 月，王希坚又在《翻身民歌》的基础上，删去了 19 首，增加了新创作的 50 多首，以及在《文化翻身》上发表的 3 首，共计 103 首，编成《民歌百首》（图 2），由华东新华书店总店出版。其中，《被霸占的田地》《场边闲话》《丰收》3 首较长，王希坚认为已不像民歌，故除外，计算为 100 首，之所以把这 3 首放在里面，是为了表现全篇情绪发展的顶点。这些民歌大体分为三个部分：一是展现旧社会农民的艰辛苦难生活；二是记录土地改革和农民翻身的过程；三是展现改革后农民在物质和精神生活方面发生的巨大变化。这些民歌前后联系在一起，可以当作是一部“农民三部曲”来看。在《民歌百首》末尾，附有王希坚所作《民歌在群众运动中的鼓动作用》，对民歌在发动群众中的重要作用进行了初步论证。

1949 年 9 月，王希坚又完成了一部 100 首的民歌集《黑板报上写诗歌》（图 3），与《民歌百首》可谓是姊妹篇，1949 年 10 月由山东新华书店出版。《黑板报上写诗歌》编撰的主要目的

图 3：《黑板报上写诗歌》

是为了给农村办黑板报提供材料，内容着重表现新生活和新气象，正如该书封面所说：“黑板报上写诗歌，识字的人人乐意学，不识字听着也顺口，费劲不大用处多。”该书末尾，附有王希坚所作《怎样创作民歌民谣？》，对民谣的特点、如何发挥民歌民谣中所固有的传统技巧问题、如何改造民歌等，进行了较为详细的论证，是王希坚对民歌民谣创作和改造经验的总结。

第二节 陶钝与《新编杨桂香鼓词》

陶钝（1901—1996），原名徐云梯（一说徐宝梯），字步云，山东省诸城市徐家河岔村人。1918年，陶钝考入观海高等小学堂，接触了许多进步书刊，开阔了眼界。1919年的五四运动，激发了陶钝的爱国热情，他积极带领学生宣传新文化运动，组织成立“反日会”，并被推选为会长。1921年，陶钝考入济南省立第一中学，结识了王尽美、邓恩铭，开始接触马克思主义，并积极参加革命活动。1925年，陶钝考入北京大学政治系，与李大钊、路友于等结识，积极参与领导北京大学学生救国运动。毕业后，陶钝回到山东，先后在青岛女中、济南省立一师等学校任教，并支持学生的爱国运动。1931年5月，陶钝冒着白色恐怖的危险，毅然加入中国共产党。1937年12月，日军占领济南，陶钝回到家乡诸城，组织抗日武装和抗日宣传队。1939年，陶钝来到沂蒙革命根据地，与李澄之、梁竹航等组织成立了鲁南国民抗敌协会，开展抗战活动。1943年，陶钝担任山东省文协秘书，协助会长主持文协的行政业务工作，并开始致力于通俗文学的创作，先后创作了历史故事《火牛阵》《廉蔺交欢》，鼓词《新编杨桂香鼓词》《新编短篇鼓词》，短篇小说《麦黄杏》《传家宝》《庄户牛》《聋子》等。中华人民共和国成立后，陶钝先后担任山东省戏曲研究会主席、山东省文联副主席、中国戏曲协会主席、中国文联副主席等职务，为推动我国文艺事业尤其是曲艺事业作出了突出贡献。1991 年 10 月，陶钝被国务院授予“有突出贡献的专家”。

长篇鼓词《新编杨桂香鼓词》（图 4）作于 1946 年冬，是陶钝曲艺创作的代表作，也是山东解放区具有较大影响力的优秀作品，1947 年 3 月由山东新华书店出版，1949 年 1 月由华东新华书店再版。杨桂香是老佃农杨正义的独生女，16 岁时，国民党顽固队要款要粮，父亲走投无路准备上吊，杨桂香为了救父亲，卖给地主刘二坏做妾。双方约定两年后嫁娶，但刘二坏才一年就要强行娶她过门。正当此时，八路军来了，负责开展工作的女同志张玉田住到了杨桂香家，动员她参加识字班，告诉她婚姻自由、男女平等的道理。在张玉田的影响下，杨桂香到民主政府告了刘二坏，解除了婚约，获得了自由。解放后的杨桂香，不仅成了纺线能手，被评为滨海区的劳动模范，而且还当上了秧歌队的领队，取得了秧歌队比赛第一名，成了全滨海区无人不知、无人不晓的人物。在妇救会的撮合下，杨桂香与进步青年陈德志定了亲。定亲之后，两个人的思想都发生了变化，杨桂香一心想着置办嫁妆不再关心生产，陈德志也不报名参军，出现了翻身忘本的现象。在张玉田的教育下，杨桂香做了自我批评，并亲自上门动员陈德志参军。为了让陈德志安心去参军，杨桂香答应马上结婚。他们结婚不骑马、不坐轿，而是改由秧歌队送亲。这种新事新办的婚礼，是前所未有的。结婚第二天，刚好是参军节，杨桂香欢送丈夫参军，并在大会上号召妇女同志：“别扯腿，不要管封建迷信那一套。”

图 4：《杨桂香鼓词》

《新编杨桂香鼓词》成功塑造了杨桂香这样一个新型妇女的形象，并通过这个形象表现了中国共产党、人民子弟兵与沂蒙人民血肉相连的深厚感情，歌颂了人民永远跟党走、把革命进行到底的伟大精神。

图 5：《新编短篇鼓词》

《新编短篇鼓词》（图 5）创作于 1947 年，共收录了《马大娘探儿子》《女运粮》《老鼠段》《李秀娟卖豆腐》等 4 篇短篇鼓词。前两篇鼓词作于 1947 年春，是为了安慰军属，鼓励妇女生产支前而写；后两篇鼓词作于 1947 年底，是响应生产节约的号召而创作的。其中《女运粮》这篇，完全是写的真人真事。1947 年 2 月，诸城福台庄接到了支援前线借公粮的任务，全村人热情高涨，立即凑了 3000 斤公粮，比分派的 2800 斤多出了整整 200 斤。但是，全村的劳动力有限，运送公粮成了大难题。于是，村里召开大会研究商量，识字班的队长刘宗英主动带头请求和女青年赶毛驴运粮。女村长刘大娘同意了她们的请求，并逐户去她们家给她们的父母做工作。在刘大娘的带领下，6 个人的女运粮队顺利完成了运粮任务，为妇女支前作出了榜样。

陶钝不仅擅长鼓词创作，还擅长小说创作。他的短篇小说具有民族化和大众化的特点。《麦黄杏》写于 1946 年 6 月，歌颂了人民军队的严明纪律以及军民之间的深情厚谊。八路军祁山大队驻扎的院子里有一棵麦黄杏，结了 4 颗杏子，指导员让小吴负责看守。然而，几天后树上却少了一颗杏，房东大娘认为是小吴吃了。指导员严厉地批评了小吴，小吴心里委屈，但为了不让部队的威信受影响，甘愿认下了错误。后来，村里的孩子小刚看到偷偷流泪的小吴，主动坦白是自己偷吃了杏，并拿出杏核作证。这个故事赞颂了八路军部队不拿群众一针一线的优良作风，也充分展现了军民之间的鱼水关系。

《传家宝》写于 1946 年 11 月，是陶钝的一篇短篇小说力作。作品通过贫苦农民胡茂中一家的经历，映射了整个农民阶级在旧社会的苦难以及解放后的幸福和快乐。胡茂中祖祖辈辈都没有土地，靠推小车谋生，小车就是他们祖辈赖以生存的传家宝。胡茂中推了一辈子小车，六十岁时，还被汉奸抓了夫，因为年老体力不支，跟不上队，在被打得伤痕累累后，筋疲力尽摔到沟中。家传的小车被撞碎了，胡茂中也不省人事。醒来后，胡茂中把破车当拐杖，连走带爬，五天才回到老家。祸不单行，保长又抓了胡茂中的大儿子去当兵，胡茂中被迫带着全家去逃难。土地改革以后，胡茂中在农救会的帮助下终于分到了八亩好地，总算获得了真正的“传家宝”。小说通过胡茂中的经历，说明了只有在中国共产党的领导下，广大农民才能真正翻身解放。

第三节　刘知侠与《铁道游击队》

刘知侠（1918—1991），原名刘兆麟，笔名知侠，河南汲县柳卫村人。刘知侠出身贫寒，父亲在亲友的帮助下，在村边的铁路班房里谋了一个营生，后来成为铁路工人，但微薄的收入，难以维持全家生活，刘知侠不得不随同母亲、姐姐寄居在外祖父母家。11 岁时，父亲到焦作铁路局工作，刘知侠和母亲也到了焦作，在铁道旁同穷苦的孩子们一起捡煤核。可以说，刘知侠从小就与铁道结下了不解之缘。全民族抗战爆发以后，刘知侠的家乡被日军侵占，他被迫离家寻求出路。1938 年，刘知侠同一伙进步青年一起，化装西行，到达延安，进入延安抗日军政大学学习。1938 年底，刘知侠随抗大一分校奔赴晋东南的太行山区开展游击战争，并加入了中国共产党。1939 年冬，刘知侠到达沂蒙革命根据地。1940 年初，刘知侠结束了 8 个月的军事学习，被分配到抗大文工团任党支部书记。抗大文工团为了发动组织群众参加抗日，经常下乡演出，几乎跑遍了滨海、鲁南、鲁中等根据地。刘知侠在此期间和当地群众建立了深厚的感情，并经常给《大众日报》写文艺通讯。1943 年，抗大文工团划归山东省文协，刘知侠任《山东文化》副主编，后又任文工团长等职。1948 年济南解放后，刘知侠作为

《前线报》特派记者，随部队参加淮海战役，进行战地采访。这些丰富多彩、枪林弹雨的经历，为刘知侠的创作提供了丰富的素材，打下了坚实的生活基础。中华人民共和国成立后，刘知侠历任《山东文艺》主编、省文联副主席、作协山东分会主席等职。

刘知侠在中学读书时，就对文学产生了深厚的兴趣。在抗大一分校期间，由于战斗生活的激励以及宣传工作的需要，刘知侠开始了文学创作的尝试，并正式走上了文学创作的道路。他利用空余时间写作，在《抗大文艺》上发表了《晚风里的一群》等散文，热情歌颂了抗大学员的战斗生活。到达沂蒙革命根据地后，刘知侠更加自觉地利用文艺的形式，为抗日战争服务，为宣传群众、鼓舞群众服务，除了编写一些新闻通讯外，还写了许多战地通讯和报告文学，如《渊子崖保卫战》《筑成抗战的新堡垒》等。1942 年延安文艺座谈会之后，刘知侠进一步认清了文艺的社会功能和战斗作用，提高了对刻画人物和艺术描写的认识。短篇小说《罢免》在刻画人物方面较为细腻。

《罢免》最早在《大众日报》上发表，1943 年曾荣获山东省文协嘉奖，并刊登在《山东文化》第 1 卷第 5、6 期合刊上。小说塑造了村妇救会长徐大嫂和庄长杨玉新两个不同思想、不同性格的人物形象。出身中农的杨玉新在旧军队里混过几年，养成了一身地痞习气。在根据地创建初期，他见风使舵，假装积极，骗取群众的信任，当选为庄长。但是，他恶性不改，贪污盗窃，极力破坏妇救会的活动。杨玉新的封建思想极为严重，不把妻子当人看，把第一任妻子活活逼死后，对第二任妻子仍然百般虐待、欺凌，直接影响了根据地妇女工作的开展，引起了广大群众的愤慨。妇救会长徐大嫂代表群众对杨玉新进行批评教育，但杨玉新不但不知悔改，还以“这是我家的事，劳不着你管”为借口进行狡辩。徐大嫂在村民的支持下，发动妇女对杨玉新进行说理斗争。在村民大会上，群众运用手中的民主权利，罢免了杨玉新的庄长职务，一致推选徐大嫂为庄长。小说以极其鲜明的态度，热情歌颂了中国共产党领导下根据地蓬勃发展的妇女解放运动，在当时具有很强的典型性和深刻的教育意义。

1943年，在山东抗日根据地召开的第一次战斗英模大会上，刘知侠接触到了铁道游击队的英雄人物，访问了游击队的个别领导人，被他们富于传奇色彩的战斗事迹深深吸引。当时刘知侠在滨海工作，到铁道游击队所在地枣庄要穿过整个鲁南。尽管如此，他还是两次穿过敌人的封锁线去实地采访，并和铁道游击队的英雄们一起生活了一段日子。英雄们热情、豪爽、诚实、勇敢的性格激起了刘知侠强烈的创作热情，他决心把铁道游击队员英勇斗争的事迹写成一本书。刘知侠1945年就准备着手创作长篇小说《铁道游击队》，但因战争条件紧张，只完成了中篇小说《铁道队》，发表在《山东文化》第2卷第3、4期合刊上。抗日战争时期，在鲁中区枣庄一带活动着一支神出鬼没的铁道游击队，他们在临枣线上自发地进行抗日活动。后来，在党的领导下，他们开始有组织地抗战，把活动范围扩大到津浦干线。铁道游击队的队员大都是铁路和煤矿的失业工人，他们利用长期练就的扒车技能及掌握的铁路运行内部信息，采用声东击西的方式，在敌人严密控制和封锁的火车和铁道线上抢夺武器弹药，发展自己的革命武装队伍。《铁道队》是以真人真事为基础写作而成，为后来创作《铁道游击队》奠定了基础。

1946年，刘知侠再次到枣庄对铁道游击队进行深入采访，并列出了提纲，准备动手写作长篇小说《铁道游击队》。恰在此时，国民党军队对山东解放区发动重点进攻，刘知侠随军投入战斗，写作计划只好暂时停了下来。1947年2月，刘知侠又在《山东文化》第5卷第1、2期合刊上发表了小说《李政委和他的部下》，这是后来出版的《铁道游击队》第五章《政委和他的部下》的雏形。

1953年，刘知侠终于完成了他的代表作《铁道游击队》。该书1954年正式出版，深受广大读者欢迎，多次再版，还被译成多国文字介绍到海外，至今仍是长篇小说中的畅销书之一。此外，《铁道游击队》还被改编成连环画、电影、电视剧，影响深远。

第四节　那沙与《一个空白村的变化》

那沙（1918—2000），原名林澄思，广东省博罗县人。那沙早年在广州市立美术学校和广东戏剧研究所接受教育，为他的文学和艺术创作道路奠定了基础。1936年，那沙正式开始文学创作和艺术实践，曾在《抗战文艺》《救亡日报》等报刊上发表多篇诗文作品，并在广州主编过不定期刊物《诗与散文》。1938年5月，那沙到达革命圣地延安，先后在延安抗日军政大学和鲁迅艺术学院文学系学习深造。1939年春，那沙作为八路军战士剧社的文艺教员，随一一五师政治部宣传队来到沂蒙革命根据地，先后任战士剧社编导、山东军区政治部文工团艺术指导、山东省文协执行委员兼《文艺丛书》主编，积极参与推动沂蒙革命根据地的文化工作。1944年11月，那沙作为随军战地记者和宣传战士，随突击队深入战争一线进行采访宣传，在莒县战役中身负重伤，受到延安新华（通讯社）总社及山东分局、山东军区的表彰和嘉奖。抗日战争结束以后，那沙随军北上东北，任安东军区政治部宣教科副科长、东北军区政治部文艺科长兼文工团长等职。转入地方后，那沙又先后任安徽省文联副主席及党组副书记、中国作家协会安徽分会主席、中国音乐协会安徽分会主席、《安徽文学》和《戏剧界》主编等职。

那沙在沂蒙革命根据地工作多年，是当时沂蒙革命根据地知名作家之一。他经常随军战斗在前线，又经常深入农村做群众工作，用他自己的话说就是“生活在斗争中间，斗争在群众的前面”。正是这样的经历，让他积累了丰富的创作素材，发现了新的文学主题，使他的作品如同“从现实生活中生长出来的、具有生命力的战斗的文艺作品”[①]。

那沙善于运用戏剧、小说、诗歌、散文等多种艺术形式，来反映沂蒙

① 任孚先、赵耀堂、武鹰：《山东解放区文学概观》，山东人民出版社，1983年1月，第34页。

革命根据地人民的斗争生活，先后创作了独幕话剧《“圣战”的恩惠》，三幕话剧《屠刀下》，小说《一个空白村的变化》《血案》，散文《养伤散记》，诗歌《响了，法西斯的丧钟》《我们要高声呼吁：为新四军将士蒙难而作》等。此外，那沙还创作了《战斗到明天》《歌颂毛泽东》《中国进行曲》等歌曲。

那沙擅长戏剧创作，独幕话剧《“圣战”的恩惠》是描写日军内部矛盾的优秀剧本之一，1943 年曾获山东抗日根据地戏剧创作一等奖。戏剧情节在一个日军的随军妓院中展开，通过代美子一家的遭遇来牵动整个剧情的发展。代美子的丈夫被迫投入对华战争，下落不明，她本人也被骗到中国，进了随军妓院。她保持着一个纯洁女性的人格，认为“就算在国内饿死了，也总比到中国来干这不是人干的事强得多。”在随军妓院中，代美子遇到了丈夫的哥哥山田，并将嫂子贞子临死前的话转告给他：“圣战害了你，害了她，害了咱们一家，害了无数的人！”山田表示，一定找寻弟弟，把代美子救出火坑。就在这时，反战的藤村被逮捕，在处死之前，将一个金表链交给了山田。山田认出，这正是弟弟的信物，而弟弟已经在侵华战争中丧命了。代美子见到信物后，唯一支撑她活下来的信念彻底崩塌了，她绝望地自杀了。山田见亲人一个个离世，表现出了厌战情绪。特务机关的岛崎发现后，要逮捕山田。山田趁岛崎不备，拔枪把岛崎击倒。而藤村也趁伍长不注意，刺死伍长逃跑了。该剧揭露了日本帝国主义标榜的所谓“圣战”，实际上是对外侵略、对内镇压的法西斯主义行径。他们对外侵略中国领土，屠戮中国人民，给中国人民带来了空前灾难；对内则镇压本国人民的反抗，推行法西斯专制主义。他们口口声声说的所谓“圣战”，只是欺骗世人的假面具而已。

图 6：《屠刀下》

三幕话剧《屠刀下》（图 6），原是那沙为战士剧社创作的剧本，1945 年 7 月脱稿，在各地广泛演出，影响很大。1946年3月重新改稿，1946年8月由胶东新华书店出版时，改名为《人民不死》（图7），属于胶东文协主编的“剧丛”之四。1946年7月，那沙再次改稿，因《人民不死》与苏联作家葛洛斯曼所著的小说重名，又改名为《屠刀下》，被选入山东省文协主编的“解放文艺丛书”，1946年10月由山东新华书店出版。《屠刀下》描写的是与日寇苦战的年代，国民党及日寇的鹰犬“保安队”在敌后山东的雷家庄，对自卫队长雷长德等人展开了惨绝人寰的大屠杀。然而，敌人的屠刀，吓不倒坚强的中国人民，只能激起他们更深的仇恨和更加激烈地反抗，同时也教育他们如何为生存而死，为生存而生。

图7：《人民不死》

那沙的中篇小说《一个空白村的变化》，在当时也有很大影响。在中国共产党的领导下，根据地实行减租减息，进行民主改革，使千百个村庄获得了新生。但是，革命的洪流中，也留下了一些没有彻底进行土地改革的“空白村”。小说中的小齐庄，就是一个典型的“空白村”。小齐庄有一个笑里藏刀的恶霸地主陈立贤，硬生生拆散了还穷、暖和这对青年男女，迫使还穷外逃11年，暖和母亲悬梁自尽。在八路军进入小齐庄后，陈立贤蒙蔽了缺乏斗争经验的工作人员莫步晴，用威胁安抚等伎俩，明减暗不减，赚了个“带头减租”的好名声，摇身一变成了开明的典型。小齐庄的民主改革，就这样被假象所掩盖。后来，随着群众觉悟的提高，真相慢慢地暴露出来。从县里学习回来的莫步晴，思想提高了，名字也改成了莫得晴（摸得清），开始认识到以前的错误，详细了解小齐庄的实际情况。在斗争大会上，还穷、暖和这对被迫害的情侣，进行了血泪控诉。斗争胜利了，真正代表农民利益的张子忠被选为农救会长，“空白村”终于抹掉了“空白”，迎来了新生。这篇小说最大的特点，是以严格的现实主义创作方法，揭示了贫苦农民翻身求解放的艰苦历程。那沙对农村生活有着深刻的了解，作品中没有把农村生活简单化，没有回避农民生活中的曲折和困难，因此，他笔下的生活才真实、深刻、有说服力。

短篇小说《血案》，发表在《山东文化》第 4 卷第 1 期上，描写的是南北马庄农民池清海一家，通过艰苦劳动终于过上了比较安定的生活，然而地主“王善人”早就开始打池家的主意，让两个儿子王杰和王绂，指使保卫团头目宁安昌，化装以后去抢劫池家，打死池老汉的二儿子石头，打伤其大儿子敬文，把池家的财产抢劫一空。池敬文去找“王善人”的儿子王杰，他只以“查访查访”相推脱。池敬文又到临沂城去找“清官”告状，临沂的马快被“王善人”的银圆和酒饭堵住了嘴。池敬文的母亲被迫劝儿媳、孙子离乡背井，外出逃难。在共产党的领导下，“王善人”家的旗杆才终于被打倒，池家的冤屈终于得到了伸张。《血案》是旧社会千千万万农民命运的缩影，具有一定的典型性。

日记体的散文《养伤散记》，是那沙根据自己 1944 年在莒县负伤后的亲身经历创作的。作品以朴实、亲切、自然的语言，表现了人民子弟兵的勇敢、根据地群众的热情以及军民关系的和谐融洽。作品中，“我”负伤以后，躺在担架上，一位年近 60 岁的老大娘抚摸着“我”的头，嘘寒问暖。当她得知“我”的家乡在很远的南方时，老人家一边擦着眼泪一边说：“真是，同志们千里万里的出来，受这样的苦，全是为了俺啊！……”还有一位老大娘，看见“我”的被子被露水打湿了，就把家里的被子抱过来，盖在“我”血污的身上。这些正是“水乳交融，生死与共”的沂蒙精神的真实写照。

第五节　贾霁与《过关》《地震》

贾霁（1916—1985），笔名艾分、石门，江苏镇江人。贾霁青年时代曾就读于南京中央政治学校新闻系，后因参加进步活动被开除。1937 年 10

月，贾霁到达延安，进入抗日军政大学学习，同年转入鲁迅艺术学院文学系，毕业后奔赴抗日前线，任华北《新华日报》记者。1939 年 5 月，贾霁跟随八路军苏鲁豫皖第一纵队到达沂蒙革命根据地，担任八路军山东纵队鲁迅宣传大队戏剧教员和《前卫报》编辑，后任山东省文协理事及人民剧团团长。贾霁初到沂蒙革命根据地时，在所写的新闻稿件中，就鲜明地阐述了“戏剧是党的宣传工具”“艺术是为政治服务”的文艺思想，认为文艺活动要有效地起到宣传党的政治纲领并动员群众的作用。他认为成立鲁迅宣传大队的目的就是反映战时动员的政治要求，宣传内容尽量大众化、农民化、战斗化，戏剧的演出完全不需要舞台装置，要能在不固定的时间中露天演出。

1942 年，毛泽东在《在延安文艺座谈会上的讲话》中确定了中国新文艺的发展方向，延安戏剧运动扩展到全国，深入到农村和部队，戏剧开始为抗战服务，为广大工农兵服务。在这一背景下，沂蒙革命根据地开展了轰轰烈烈的戏剧普及运动。1942 年秋，贾霁进入山东省文协工作。他以极大的工作热情投入到戏剧创作当中，先后创作了《过关》《地震》《神兵》《一切为前线》《妇女开荒》《丰收》等多部戏剧作品，还选编了《农村戏剧集》一书。

《过关》（图 8），又叫《参军戏》，是由山东省文协实验剧团集体创作，贾霁、李夏执笔的三幕五场话剧。该剧讲述的是 1944 年春滨海区莒南县刘家官庄青年刘纪湘参军的故事，是实验剧团为配合当时轰轰烈烈的参军工作，根据一件真实的故事创作而成。1944 年初，沂蒙革命根据地发起了规模宏大的迎接反攻、扩大参军的运动。在动员参军问题上，一向模范的刘家官庄面临着挑选参军带头人的考验。经过研究，只有村团长刘纪湘最适合当参军带

图 8：《过关》

头人。刘纪湘本人非常愿意，在全区动员参军的大会上，他抢着上台发言，争取到了“参军模范”的锦旗。但是，他的父亲刘三叔和刚结婚的妻子二嫂子坚决反对，矛盾逐渐激化。刘纪湘的父亲曾在旧社会的县衙中当过衙役，思想顽固，固执己见，而且酒后喜欢骂人。妻子一方面舍不得丈夫离开自己，另一方面怕受公公的气，也坚决不同意丈夫参军。刘纪湘的丈母娘听说女婿要去参军，也上门撒泼哭闹不讲理。说服父亲和妻子同意参军，是摆在刘纪湘和各救会、识字班面前的一道难关。几位核心人物经过开会研究，决定分头进行动员：由威望最高的各救会长刘纪兴找刘纪湘父亲谈话，刘纪年媳妇动员刘纪湘丈母娘，刘纪在继续动员刘纪湘的妻子。刘纪湘也采取“缓兵之计”，主动说自己不去当兵，也不出门了，因为出门会遭到村里人讥笑，把难题摆到妻子面前，让她来解答，妻子的思想逐渐出现松动。最后，刘纪湘召开了家庭会，各救会、识字班一起配合，将刘纪湘走后父亲、媳妇之间的诸多顾虑都协调安排好，让二人心情舒畅地欢送刘纪湘参军。至此，刘纪湘参军的“家庭关”总算胜利“过关”了。

《过关》正式演出后，获得了很大成功，有力地配合了莒南县以至滨海区动员参军这一重大战略任务的胜利完成。此后，《过关》在胶东、渤海、鲁南等战略区普遍上演，获得了极好的效果，受到山东省文协的嘉奖。

《地震》（图 9）是由贾霁独立创作的一部三幕七景话剧，完成于 1946 年 5 月，被山东省文协收入“解放文艺丛书”。剧名“地震”的寓意，在于说明根据地的农村在中国共产党领导下发生了天翻地覆的变化，这对封建统治者来说，无疑是使他们感到心惊肉跳的“地震”。该剧根据莒南县大店镇“平鹰坟”的真实故事创作而成，围绕着佃户刘永佃家的苦难史，以出鹰殡、平

图 9：《地震》

鹰坟为情节主线展开，反映了旧社会穷人的悲剧遭遇及地主阶级的残暴罪行。八阎王的儿子九少爷放鹰吃了刘永佃家5只鸡，气红了眼的刘永佃将鹰打死，从而招来了滔天大祸。八阎王将刘永佃抓起来，要他披麻戴孝，为“鹰爹”出殡。刘永佃被折磨至死，他的地产被抢去抵了债，女儿被糟蹋后驱逐出门。后来，在党的领导下，刘永佃的儿子刘进组织发动群众，不仅在经济上与八阎王算账，实行减租减息，而且在政治上打下八阎王的威风，平了鹰坟，使贫下中农真正翻了身。《地震》是从真实的生活中提炼出的具有一定思想深度的剧本，是一部农民阶级的苦难史、血泪史，也是一部农民阶级的解放史、翻身史，在启发教育农民的阶级觉悟、激励群众与恶霸地主作斗争方面，起到过积极作用。

1946年9月，贾霁将自己在抗日战争期间创作的5个独幕剧《咱们都有了枪》《第一炮》《神兵》《吃地雷》《向前进攻》结集，冠以《神兵》（图10）之名，由山东新华书店出版，为山东省文协主编的“抗战文艺选集”之三。其中，独幕剧《神兵》还曾由山东新华书店出版过单行本。《神兵》于1944年9月9日在莒南石门涧创作完成，讲的是鲁中军区单手战斗英雄曹世范只身带领一名负伤战友突破敌人两个连包围的传奇故事。1944年7月，曹世范和战友张同志到运河北的敌占区于家岭侦察，住到了于大娘家里。伪村长一面热情招待他们，一面向敌人通风报信。伪便衣到来后，认出了曹世范的身份。曹世范沉着应对，打死了伪便衣。被敌人包围后，曹世范沉着机智，一面向敌人喊话，麻痹对方，一面乘其不备，打死了逼上来的敌人。在突围中，张同志腿部负伤，曹世范搀扶着战友，且战且走，声东击西，坚持了十几个小时。后来，他们退到一个院子里，敌人不敢强攻，放火烧院子，并逼伪村长出头劝降。曹世范杀死了伪村长，对敌人形

图10：《神兵》

成了震慑。天黑下来，敌人没有办法，只能撤退，曹世范在村民的帮助，借了一头毛驴把受伤的张同志安全带回了部队。此事传开后，曹世范被当地群众传颂为“一个神八路”，山东军区政治部主任萧华称他为“单手战斗英雄”。山东鲁中军区司令员王建安、政委罗舜初联合发出慰问信，号召军区向曹世范学习。山东军区授予曹世范“一等战斗英雄”称号。

1949 年 8 月，贾霁又选辑了 5 个小型秧歌剧《夫妻模范》《张大爷种地》《婚姻要自由》《关二爷整周会》《偷南瓜》编为《农村戏剧集》（图 11），由山东新华书店出版。该书收录的 5 个剧本，除《张大爷种地》是贾霁（署名艾分）亲自撰写的之外，其他的都是从其他解放区创作的歌剧里选取的，收录时略作改动。这些剧本均取材于农村故事，为农民喜闻乐见，更方便在集市上演出，为宣传党的农村政策起到了积极的作用。

图 11：《农村戏剧集》

第六节　洪林与《一支运粮队》

洪林（1917—2003），原名洪绳智，原籍安徽泾县，生于江苏南京。1937 年，洪林考入武汉大学机械工程系。1938 年 1 月，洪林毅然放弃了在武汉大学就读的机会，奔赴革命圣地延安，并进入陕北公学学习。1938 年秋，洪林从陕北公学毕业后，来到沂蒙革命根据地。1942 年，洪林加入中国共产党，历任山东分局宣传部干事、山东文化出版社编辑、山东省教育厅科长、山东省中路运粮指导部政治部主任、山东省府机关土改工作队队长等。中华人民共和国成立后，历任上海市教育局初等教育处处长、中央电影局编剧、上海科学教育电影制片厂厂长、影协上海分会常务副主席、上海市电影局局长等职务。

洪林在沂蒙革命根据地工作10年，长期从事群众工作和宣传、文化、教育工作，积累了丰富的创作素材。他将从事的实际工作与文学创作相结合，不断挖掘新主题，解答生活中所提出的新问题，创作了多部优秀的中短篇小说，其中影响较大的是中篇小说《一支运粮队》，短篇小说《李秀兰》《瞎老妈》《莫忘本》等。

《一支运粮队》（图12）发表于1947年，1948年8月由山东新华书店总店出版。该小说是洪林根据自己任山东省中路运粮指挥部政治部主任时的亲身经历和感受创作而成的，是当时山东解放区不可多得的反映民兵生活的中篇小说。

图12：《一支运粮队》

《一支运粮队》以1947年国民党军队对山东解放区进行重点进攻为背景，描写了一支由627人、288辆小车组成的运粮队，克服重重困难，最终完成支前任务的故事，反映了解放区军民支援前线的动人景象，歌颂了千万人民踊跃支前的感人事迹。在这历史性的决战中，不仅人民子弟兵在前线英勇杀敌，千万支前的民兵也建立了卓越的功绩。他们用原始的小推车，翻山越岭，把武器、粮食源源不断地运送到前线，成为一条不可摧毁的钢铁运输线、生命补给线。作品成功塑造了几位先进民兵的形象。61岁的老英雄于家才，唯恐支前大队嫌他老，于是刮干净胡子带着儿子一同支前。当车队过桥时，桥突然断了，于家才父子立马跳到河中，把人救起，把车子扛出来，又捞出门板重新把桥搭起来。于家才像青年一样拼命支前，按他自己的说法是“一来是反对国民党，保饭碗；二来是争功劳。”“自从八路军过来，我这才翻了身，回了地，报了仇，解了恨。”正因为有了深刻地翻身体验，这位61岁的老人义无反顾地加入了支前队伍，立功当模范，保卫来之不易的胜利果实。也正是因为有这样一群思想上觉悟了的民兵，这支运粮队伍才能克服千难万险，保障人民子弟兵的后方补给。

《李秀兰》最早发表在 1946 年 5 月 17 日的《大众日报》上，是一篇饶有情趣的短篇小说。小说的主人公李秀兰是李家庄李寡妇的二女儿，她的四个哥哥都在苦难中早早离世，她和姐姐幸存下来，遇上了人民翻身的好时光。她如同小鸟一样，成天跳来跳去，唱来唱去，成了有名的“秧歌大王”。村里的剧团，因为她在里面，坚持了整整 5 年。不过，她全神贯注在文化生活上，不愿意劳动，想外出工作。区干部为了让她转变思想，尽快成长起来，决定让她到县里受训。在县学里，她参加了县里的劳模大会，深受教育，决心成为一名劳动模范。作品以细腻生动的笔墨，描绘了一个新型妇女的成长历程，使人感受到教育产生的巨大思想力量，保证了青年人能够沿着正确的方向成长为时代新人。

《瞎老妈》写于 1946 年 8 月，最早发表在《山东文化》上，是当时影响较大的一篇短篇小说。瞎老妈，人称“孙大嫂”，原来既不老又不瞎，勤劳善良，夫妻和睦。然而，天降大旱，地主何老五又霸占山林，逼得她欠下永远还不完的阎王债。地没有了，丈夫自杀了，儿子被地主毒打后也逃走了，孙大嫂坠入痛苦的深渊，眼睛哭瞎了，变成年老体衰的瞎老妈。“哭！哭！哭！苦！苦！苦！”是瞎老妈痛苦生活的高度概括，也是旧社会穷苦妇女生活的高度概括。共产党来了，领导人民进行土地改革，减租减息，和地主讲理算账，瞎老妈也觉悟起来，成了斗争地主的积极分子。作品通过瞎老妈和她一家的悲惨遭遇，控诉了地主阶级对农民群众的残酷剥削；通过瞎老妈的翻身解放，阐明了只有中国共产党才是人民的大救星，才能领导人民翻身得解放。

《莫忘本》最早发表在 1946 年 9 月 25 日的《大众日报》上，是一篇很有教育意义的短篇小说。张家庄的村长朱元清，出身穷苦，父亲带他逃荒要饭来到张家庄落了户，7 岁起就被迫给人放牛、当长工，可谓苦大仇深。因此，当八路军到张家庄开展工作时，他第一个带头参加了民兵，当敌人反扑时，他始终坚持与敌人周旋。三年的艰苦斗争，使他得到了张家庄群众的称赞和拥护，当上了农救会长，人人都夸他“是颗明晃晃的金豆子”。在和地主的斗争中，他不谋私利，不收贿赂，威望更高了。年底选村长的时候，全村以豆粒当选票，选他当村长。但是，在胜利面前，他放松了思想进步，放松了对自己的要求，对群众说话的腔调变了，生活上好吃好喝的苗头显现出来，工作中也滋长了强迫命令的作风。村里的老人们议论他：“小鸽子喂饱了——忘了本啦！”区里的指导员发现了朱元清的变化，就派朱元清曾经的老伙伴老于来给他做工作。老于首先给他分析了当前斗争的形势，日本投降了，但国民党军队又来进攻解放区，因此不能放松警惕。接下来，老于又引导他回忆与日寇斗争的往事，讲述当时群众称他为“金豆子”，选他当村长的原因，并语重心长地说：“为人切记莫忘本呀！”“不管什么时候，不管做什么事，都不要忘了老百姓。咱自己也就是老百姓，老百姓的事就是咱的工作，咱干一千条，一万条，就为着一条——叫老百姓过着幸福快乐的日子！”在老于的帮助下，朱元清终于觉悟了，在全村的军属、干部联席会上做了检讨，洗掉了蒙在心上的“灰”，重新获得了群众的信任。

第七节　白刃与《十八勇士》

白刃（1918—2016），原名王寄生，福建省晋江县永宁村人。1932 年，14 岁的白刃跟随叔父到菲律宾谋生，半工半读，并开始写作。1936 年，白刃在《华侨商报》上发表了第一篇短篇小说《饥饿的孩子》和第一首诗《灵魂的呻吟》，并担任《救国月刊》的编辑工作。1937 年回国后，白刃辗转于南京、上海，深感救国无门，于是转到福建集美中学就读，创作了长篇报告文学《海南岛游记》。1938 年 5 月，白刃以“王爽”为笔名，写了一篇名为《国难严重下的泉州军政》的通讯，在汉口的《全民周刊》上发表，遭到国民政府追查。白刃在福建无法立足，于是一路历经艰险，奔赴梦寐已久的延安。1938 年 10 月，白刃到达延安后，进入抗日军政大学深造。1939 年，白刃加入了中国共产党，跟随八路军一一五师到达沂蒙革命根据地，任一一五师司令部参谋、政治部新闻干事。一一五师进入鲁南抱犊崮山区后，为了动员民众参加抗战，创办了一份地方群众性报纸《时事通讯》，白刃负责编辑和记者工作。1940 年夏，《时事通讯》移交给鲁南区党委后，鲁南区党委在其基础上创办了《鲁南时报》，白刃调任《鲁南时报》主编。1941 年，白刃又调回一一五师政治部，任《战士报》主编。1943—1945 年，白刃又先后担任连指导员、《民兵报》总编辑、《山东画报》副主编。1945 年抗日战争结束后，白刃随军北上东北，任安东广播电台台长、西满军区宣传科长兼《反攻报》主编、《后勤报》主编等职。1949 年，白刃加入中国作家协会，并参加了第一次全国文代会。此后，又先后任鲁中南军区编辑科长、中国人民解放军总政治部创作员、长沙警备区政治部副主任及顾问、中国戏剧家协会理事等职。

白刃这个笔名，源自 1940 年 2 月的白彦战斗。当时，八路军一一五师一部与日伪军反复争夺费县白彦镇。战斗中，白刃跟着代师长陈光在一个山崮上的观察所里，看到战士们顽强地与鬼子拼刺刀，写了一篇名为《在观察所》的战斗通讯。因为当时正在攻打白彦，又是和鬼子拼刺刀，所以就用“白刃”当笔名。后来，白刃这个笔名用多了，组织上也就承认了，其原名王寄生也渐渐被人淡忘了。

白刃在沂蒙革命根据地工作期间，撰写了很多战地文艺通讯和报告文学作品，影响较大的是其报告文学《十八勇士》《坚持沂蒙山区》《八十勇士对一千五百兽兵》。此外，诗歌《郑秀兰》还曾获山东省文协优秀诗歌奖。

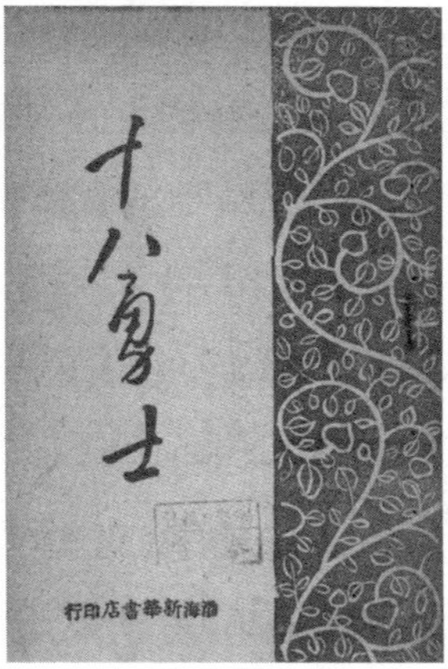

图 13：《十八勇士》

《十八勇士》（图 13）是白刃在采访十八勇士中唯一的幸存者孟兆阁后，写下的不朽名篇。1941 年春，为了粉碎侵华日军“治安强化运动”和国民党反动派掀起的第二次反共高潮，打破敌人的海上封锁，打通与华中新四军的联系，八路军一一五师与山东纵队联合发起了青口战役。3月26日黎明前，攻城部队在圆满完成战役计划后，主动撤出青口。然而，教导二旅下属的一个班在掩护搬运战利品时，失去了与部队的联系，被敌人包围在一个炮楼里。他们一次次打退了日军的进攻，一直坚持到天亮，并趁着敌人疲惫时，冲出了炮楼。当他们转到另一条街道时，又被日军堵在了一个大院子里。这时，他们与另一个没有来得及撤退的班汇合了，两个班加一个排长，一共18人，重新组织起来，和敌人决斗。经过一天的激烈战斗，十八勇士已牺牲了8个。后来，子弹马上打完了，排长为了不让敌人活捉了去，高喊着“中华民族解放万岁！”“中国共产党万岁！”的口号，用匣枪结束了自己的生命。紧接着，二班副也用步枪自杀了。仅存的8人，都将手中的武器毁掉，决不让敌人得到一件可用的武器。他们趁黄昏藏到老百姓家中，却还是被汉奸搜了出来，交给了日本鬼子。八位勇士被铁绳捆在柱子上，敌人驱使狼狗撕咬他们，腿上、手上、胸前、脸上的肉，都被咬烂了，可没有一个人呻吟，也没有一个人低头，因为他们的心是“属于革命的，八路军的，共产党的。”最后，敌人把勇士们分别绑在两根木柱上，准备第二天把他们烧死。就在这天夜里，孟兆阁解开了绳索，又解开了同一根木柱上的其他3位同志，时间不允许他们再解救其他4人，4个人冲出了岗哨。可惜的是，3位同志在途中不幸牺牲，最终十八勇士只有一人生还。白刃的这篇《十八勇士》，是我军战士勇往直前、决不屈服的斗争精神的真实写照，也让“青口十八勇士”的英名享誉全军，流芳百世。

《坚持沂蒙山区》是一篇反映沂蒙山区军民抗击敌人大“扫荡”的报告文学。1941年11月，日伪军5万余人，对沂蒙山区实行“铁壁合围”，进行了长达50天的“扫荡”。沂蒙山区军民同心协力，与敌人进行400多次战斗，完成了反“扫荡”任务，保卫了沂蒙革命根据地。作品重点描写了“留田突围”“龙口追击战”“大谷台突围”3次重要的战斗场面。

“留田突围”集中表现了我军从容不迫、变被动为主动的大无畏革命精神以及机动灵活的战略战术。敌人采用“铁桶包围阵”，以5万兵力，分11路将一一五师直属队各机关及非战斗部队重重围困在留田。形势万分危急，但我军高级指挥员却镇定自若，通过研究敌人历次“扫荡”的规律性，并结合本次战役的敌我形势，出其不意地绕到敌人主力背后，安全地冲破敌人3道防线，不费一枪一弹就完成了突围任务，创造了战争史上的奇迹。“龙口追击战”实际上是敌我双方的一场政治较量。敌人进入沂蒙山区后，实行烧光、杀光、抢光的“三光”政策，同时在政治上进行“宣抚”，企图瓦解根据地群众的斗志。而我军则派出部队，潜入敌人活动的中心地区，扰乱敌人部署，鼓舞群众斗志。当敌人在龙口宣传“八路军已经全部消灭”的时候，八路军战士从天而降，打得他们狼狈逃窜。群众亲眼看见了这场追击战，再也不相信敌人的鬼话。“大谷台突围”侧重表现了群众对人民军队的支援。在我军即将与数千敌人接触的危急时刻，一名被捉去当向导的群众从敌人那里逃了出来，带领我军迅速隐蔽起来，并顺利突出了重围。白刃尤为擅长激烈战争的描写，将这次持久且规模宏大的战役，生动且真实地反映出来，谱写了一篇军民团结战斗的辉煌篇章。

《八十勇士对一千五百兽兵》最早发表在1944年的《大众日报》上，是一篇描写英雄连队“何万祥连”战斗事迹的报告文学。1944年8月，莒南县坪上镇厉家寨上千群众和军区野战医院二所的几百名伤病员陷入了日军包围，“何万祥连”秉承着连长冲锋在前、不怕牺牲的精神，创下了以80人对抗1500人的光辉战绩。8月26日拂晓，1500余名日军携带两门大炮、三挺重机枪、几十挺轻机枪和几十门手炮，分数路对我大山根据地进行“清剿”。“何万祥连”的两个排为掩护群众和伤病员安全转移，奋不顾身地投入战斗，在敌人东、西、南、北、山上和飞机轰炸扫射的六面包围之中，坚守阵地，向近20倍的敌人反复冲杀，一直坚持到中午。最终，“何万祥连”以伤亡30人，毙伤敌军80人的辉煌战绩，圆满完成了掩护任务。作品以精炼的文字，记录了这次惊心动魄的战斗场面，每一个特写镜头都感人至深。如完成掩护任务后，面对团团围困的敌人，李学彦决然地说：“不能叫敌人抓去喂洋狗！”果断跳下山去壮烈牺牲。这些英雄的形象，仅寥寥数笔就刻画得栩栩如生，足见作者的文字驾驭能力。

参考文献

［1］中共山东省委党史研究院.《中国共产党山东历史》（第1卷）（1921—1949）［M］. 山东人民出版社，2021年3月。

［2］常连霆主编，中共山东省委党史研究室.《中共山东编年史》［M］. 山东人民出版社，2015年2月。

［3］中共山东省委党史研究室.《中共山东党史大事记》［M］. 山东大学出版社，1992年12月。

［4］中共山东省委党史研究院.《山东抗日根据地志》［M］. 中共党史出版社，2020年10月。

［5］中共山东省委党史研究院、中共临沂市委党史研究院.《沂蒙精神志》［M］. 山东人民出版社，2019年9月。

［6］临沂市地方史志办公室.《沂蒙革命根据地志》［M］，中华书局，2014年6月。

［7］山东地方史志编纂委员会.《山东史志资料》［M］. 山东人民出版社，1985年10月。

［8］山东省地方志编纂委员会.《山东省志·出版志》［M］. 山东人民出版社，1993年12月。

［9］山东地方史志编纂委员会.《山东省志·文化志》［M］. 山东人民出版社，1995年11月。

［10］常连霆主编，中共山东省委党史研究室.《山东党史资料文库》［M］. 山东人民出版社，2015年5月。

［11］《齐鲁文库》编纂工作委员会.《齐鲁文库·红色文献编》（第1

辑）［M］. 山东人民出版社，2023 年 9 月。

［12］中国国家图书馆、上海图书馆 .《红色出版物总目（1912—1949）》［M］. 中华书局，2022 年 12 月。

［13］国家图书馆 .《革命历史文献专题书目（1911—1949）》［M］. 国家图书馆出版社，2024 年 1 月。

［14］李西宁、王玉梅 .《民国时期山东报刊目录提要》［M］. 国家图书馆出版社，2016 年 4 月。

［15］王华 .《山东解放区新闻史（1937—1949）》［M］. 人民出版社，2019 年 5 月。

［16］穆敏 .《山东抗日根据地的文化》［M］. 中共党史出版社，2005 年 6 月。

［17］任孚先、赵耀堂、武鹰 .《山东解放区文学概观》［M］. 山东人民出版社，1983 年 1 月。

［18］山东省沂蒙文化研究会 .《沂蒙文化研究》（第 1 辑）［M］，山东人民出版社，2015 年 8 月。

［19］徐东升、汲广运 .《沂蒙精神研究》［M］，山东人民出版社，2017 年 10 月。

［20］苑朋欣 .《沂蒙精神溯源研究》［M］. 山东人民出版社，2017 年 11 月。

［21］汲广运、王厚香 .《沂蒙精神的地域文化渊源研究》［M］. 山东人民出版社，2017 年 12 月。

［22］韩延明、李文明、单国杰 .《沂蒙精神新论》［M］. 山东人民出版社，2021 年 6 月。

［23］大众报业集团史志编纂委员会 .《〈大众日报〉85 年》［M］. 山东人民出版社，2023 年 12 月。

［24］于岸青 .《我以我血著华章：〈大众日报〉在沂蒙》［M］. 山东人民出版社，2021 年 8 月。

［25］《中国新华书店发展大系·山东卷（1943—2017）》编纂委员会.《中国新华书店发展大系·山东卷：1943—2017》［M］. 人民出版社，2020 年 5 月。

［26］王益、周保昌等.《战争年代的山东新华书店》［M］. 山东人民出版社，1990 年 9 月。

［27］胡汶本、田克深.《五四运动在山东资料选辑》［M］. 山东人民出版社，1980 年 8 月。

［28］中共山东省委党史资料征集研究委员会.《山东人民支援解放战争》［M］. 山东人民出版社，1990 年 5 月。

［29］王东溟.《山东人民支援解放战争》［M］. 山东人民出版社，1991 年 6 月。

［30］李宗元、郑建英.《郭洪涛 朱瑞》［M］. 中共党史出版社，2005 年 6 月。

［31］张福泉.《朱瑞将军》［M］. 中央文献出版社，2008 年 9 月。

［32］萧华传记组.《萧华文集》［M］. 解放军出版社，2014 年 7 月。

［33］李少群、杨政.《山东当代作家》［M］. 山东人民出版社，2006 年 12 月。

［34］刘德龙等.《山东籍的当代文化名人》［M］. 山东人民出版社，2006 年 12 月。

［35］丁国成、于丛杨、于胜.《中国作家笔名探源》［M］. 时代文艺出版社，1986 年 10 月。

［36］彭正普.《中国当代名记者研究》［M］. 中国传媒大学出版社，1985 年。

［37］中国新四军和华中抗日根据地研究会.《新四军和华中抗日根据地人物辞典》［M］. 中共党史出版社，2016 年 9 月。

［38］戈公振.《中国报学史》［M］. 三联书店，1955 年 3 月。

［39］方汉奇.《中国近代报刊史》［M］. 山西教育出版社，1981 年 6 月。

[40] 杨光辉 .《中国近代报刊发展概况》[M] . 新华出版社，1986 年 9 月。

[41] 李龙牧 .《中国新闻事业史稿》[M] . 上海人民出版社，1985 年 1 月。

[42] 方汉奇 .《中国新闻事业通史》[M] . 中国人民大学出版社，1992 年 9 月。

[43] 胡太春 .《中国近代新闻思想史》[M] . 山西教育出版社，1987 年 7 月。

[44] 刘苏华 .《延安时期中国共产党出版史研究（1937—1947）》[M] . 湖南师范大学出版社，2012 年 11 月。

[45] 田建平、张金凤 .《晋察冀抗日根据地新闻出版史研究》[M] . 人民出版社，2010 年 6 月。

[46] 胡继东 .《东北书店：1945—1949》[M] . 辽宁人民出版社，2020 年 8 月。

[47] 董玉新 .《试论山东抗日根据地的创建及其历史作用》[D] . 石家庄：河北师范大学，2008 年。

[48] 吴红 .《山东抗日根据地文化建设研究》[D] . 济南：山东师范大学，2007 年。

[49] 王华东 .《山东抗日根据地文化研究》[D] . 长春：吉林大学，2018 年。

[50] 庄乾筱 .《山东抗日根据地及解放区的文艺团体梳理研究》[D] . 济南：山东艺术大学，2016 年。

[51] 王国龙 .《解放战争时期中国共产党在山东解放区的民众动员研究》[D] . 济南：山东师范大学，2013 年。

[52] 陈晋、陈颂、梁欣悦 .《我国红色文献资源研究综述》[J] . 新世纪图书馆，2022（3）：90—97。

[53] 马静 .《探索与求新：革命文献与民国时期文献保护计划的实践

与思考》[J].中国图书馆学报，2022（7）：79—89。

[54]黄蓉蓉、张养志.《建党百年视阈下的红色出版物概念考辨》[J].北京印刷学院学报，2021（7）：1—8。

[55]迟秀铭.《红色文献的时间跨度与载体形式探析》[J].图书馆学刊，2024（4）：55—58。

[56]徐建华、杨丽娟、伍巧.《图书馆红色文献与红色专藏》[J].图书馆论坛，2021（7）：40—45。

[57]徐凤翔.《公共图书馆地方红色文献开发研究刍议》[J].数字与缩微影像，2022（3）：11—14。

[58]董爱玲.《民国时期山东报业发展与社会变迁》[J].临沂大学学报，2013（2）：101—104。

[59]梁家贵.《抗日战争时期山东党报的发展与历史作用》[J].中共党史研究，2006（2）：118—123。

[60]王咏梅.《山东抗日民主根据地（解放区）报纸通俗化运动》[J].当代传播，2015（5）：42—45。

[61]王华.《山东解放区新闻报刊中的木刻版画实践及其意义（1937—1949）》[J].学术前沿，2019（8）：124—127。

[62]赵增杰.《漫展画卷写战争风云——记山东根据地的三大画报》[J].新文化史料，1997（4）：46—48。

[63]王巨新、王欣.《文化抗战：山东抗日根据地的图书出版》[J].沂蒙干部学院学报，2024（1）：88—96。

[64]刘新勇.《山东解放区图书的资料价值及其保护整理研究》[J].图书馆杂志，2022（5）87—91。

[65]文研.《沂蒙抗日根据地对中国革命的历史贡献》[J].炎黄春秋，2018（10）：55—58。

[66]孙慧云等.《沂蒙红色文献整理与利用研究》[J].图书馆学刊，2023（10）：1—6。